Arera / Jüngling / König · Prüfungsvorbereitung
Organisation und Datenverarbeitung

Friedrich Arera / Kirsten Jüngling / Hermann König

Prüfungsvorbereitung Organisation und Datenverarbeitung

in programmierter Form

GABLER

Die Deutsche Bibliothek — CIP-Einheitsaufnahme

Arera, Friedrich:
Prüfungsvorbereitung : Organisation, Datenverarbeitung in programmierter Form / Friedrich Arera ; Kirsten Jüngling ; Hermann König. — Wiesbaden : Gabler, 1994
NE: Jüngling, Kirsten:; König, Hermann:; HST

Der Gabler Verlag ist ein Unternehmen der Verlagsgruppe Bertelsmann International.

© Betriebswirtschaftlicher Verlag Dr. Th. Gabler GmbH, Wiesbaden 1994
Lektorat: Brigitte Stolz-Dacol

Das Werk einschließlich aller seiner Teile ist urheberrechtlich geschützt. Jede Verwertung außerhalb der engen Grenzen des Urheberrechtsgesetzes ist ohne Zustimmung des Verlags unzulässig und strafbar. Das gilt insbesondere für Vervielfältigungen, Übersetzungen, Mikroverfilmungen und die Einspeicherung und Verarbeitung in elektronischen Systemen.

Höchste inhaltliche und technische Qualität unserer Produkte ist unser Ziel. Bei der Produktion und Verbreitung unserer Bücher wollen wir die Umwelt schonen: Dieses Buch ist auf säurefreiem und chlorarm gebleichtem Papier gedruckt. Die Einschweißfolie besteht aus Polyäthylen und damit aus organischen Grundstoffen, die weder bei der Herstellung noch bei der Verbrennung Schadstoffe freisetzen.

Die Wiedergabe von Gebrauchsnamen, Handelsnamen, Warenbezeichnungen usw. in diesem Werk berechtigt auch ohne besondere Kennzeichnung nicht zu der Annahme, daß solche Namen im Sinne der Warenzeichen- und Markenschutz-Gesetzgebung als frei zu betrachten wären und daher von jedermann benutzt werden dürften.

Satz: I. Junge, Düsseldorf

ISBN 978-3-409-19789-2 ISBN 978-3-663-05891-5 (eBook)
DOI 10.1007/978-3-663-05891-5

Vorwort

„Ich weiß soviel, was ich nicht wissen sollte.
Und was ich wissen sollte, weiß ich nicht."

Schüler, die in einer Prüfung ihre Kenntnisse in Organisation und Datenverarbeitung nachweisen müssen, hatte Erich Kästner zwar nicht im Sinn, als er so reimte. Und doch treffen diese Zeilen ganz gut die Ängste, die wohl jeden zu Beginn der Vorbereitungsphase plagen. Und auch der nächste Stoßseufzer dürfte den meisten vertraut sein:

„Und hat's noch Sinn, daß man mir hilft und rät?
Ich fürchte fast, ich fürchte fast, —
es ist bereits zu spät ..."

Oh nein, wirklich zu spät ist es selten, und wenn Sie nur noch ein wenig Zeit haben, dann kann dieses Buch Ihnen helfen und raten! Je nach Wissensstand haben Sie drei Möglichkeiten vorzugehen:

— Wenn Sie sich, was den Stoff betrifft, schon gut auskennen, aber im Hinblick auf die Prüfungssituation unsicher fühlen, dann simulieren Sie doch einfach, d. h., Sie geben den einzelnen Aufgaben so viele Punkte, wie Antwortkästchen vorgesehen sind. Stellen Sie sich Aufgaben für insgesamt 100 Punkte zusammen, und lösen Sie sie in 90 Minuten. Überprüfen Sie die Lösungen, und wenn Sie auf ca. 50 Punkte für richtige Antworten kommen, dann haben Sie es geschafft — bei ca. 80 Punkten sogar gut.

— Wollen Sie Ihren Wissensstand zunächst allgemein überprüfen, dann bearbeiten Sie die Aufgaben und vergleichen Ihre Ergebnisse mit den Musterlösungen am Ende des Buches. Dann können Sie sich auch an die Simulation wagen.

— Haben Sie Lücken entdeckt, so ziehen Sie die Lösungshinweise unter „Bedenken Sie" zu Rate. Danach folgt ein Selbsttest ohne Hilfestellungen und zum Schluß die Simulation.

Ich wünsche Ihnen viel Erfolg!

Kirsten Jüngling

Inhaltsverzeichnis

Aufgaben

A. Organisation 1

B. Datenverarbeitung 43

Lösungen

A. Organisation 117

B. Datenverarbeitung 127

Stichwortverzeichnis 147

A. Organisation

1

Stellen Sie bei den nachfolgenden Maßnahmen fest, ob sie

1. zur Aufbauorganisation
2. zur Ablauforganisation
3. weder zur Aufbau- noch zur Ablauforganisation

gehören!

Tragen Sie die Ziffer vor der jeweils zutreffenden Antwort in die Kästchen ein!

Aufbau- oder Ablauforganisation?

Maßnahmen

a. Erstellung eines Organigramms für eine neue Niederlassung ☐
b. Regelung von Kompetenzen in einer Stellenbeschreibung ☐
c. Terminplanung ☐
d. Druck von Organisationshandbüchern ☐
e. Festlegung von Programmvorgaben ☐
f. Erstellung eines Maschinenbelegungsplanes ☐

Bedenken Sie:

Bei der Aufbauorganisation handelt es sich um eine statische Betrachtungsweise. Die Gesamtaufgabe wird in Teilaufgaben zerlegt und diese dann den Aufgabenträgern zugeordnet, die untereinander durch Weisungslinien verbunden sind. Die sich ergebende Struktur wird in Organigrammen dargestellt, aus denen Stellen und Abteilungen ablesbar sind sowie deren Rangordnung untereinander. Neben dieser graphischen Darstellungsweise gibt es noch die verbale Form, die Stellenbeschreibung.

Bei der Ablauforganisation handelt es sich um eine dynamische Betrachtungsweise. Die Gesamtaufgabe wird in Teilaufgaben zerlegt und diese in eine zeitlich-logische Reihenfolge gebracht. Der sich ergebende Prozeß wird graphisch dargestellt, beispielsweise durch Programmablaufpläne, Gantt-Diagramme, Netzpläne, oder verbal durch Ablaufbeschreibungen.

Achtung: Verwechseln Sie nicht die Organisation mit der Durchführung einer Aufgabe!

2

Stellen Sie bei den nachstehenden Erläuterungen fest, ob sie sich

1. auf die Aufbauorganisation

Aufbau- oder Ablauforganisation?

4 Aufgaben Organisation

2. auf die Ablauforganisation

beziehen!

Tragen Sie die Ziffer vor der jeweils zutreffenden Antwort in die Kästchen ein!

a. Sie regelt entsprechend der innerbetrieblichen Arbeitsteilung die Zuständigkeit für die Teilaufgaben ☐
b. Sie koordiniert in zeitlicher Hinsicht die Leistungen aller beteiligten Abteilungen bzw. Stellen ☐
c. Die Unternehmungshierarchie gibt Aufschluß über den Verlauf der Weisungslinien ☐
d. In ihrer vertikalen Gliederung zeigt sie die Rangordnung der Stellen in der Unternehmung ☐
e. Sie stellt ein System von Regelungen für die Arbeitsfolge innerhalb der Arbeitsprozesse dar ☐

Bedenken Sie:

Siehe vorherige Aufgabe.

Aufbau- oder Ablauforganisation?

③

Kennzeichnen Sie die folgenden Maßnahmen mit einer

1, wenn sie zur Aufbauorganisation
2, wenn sie zur Ablauforganisation

gehören!

a. Umstellung von der Stab-Linienorganisation auf die Matrixorganisation ☐
b. Festlegung einheitlicher Merkmale für die Stellenbeschreibungen ☐
c. Ermittlung von Pufferzeiten anhand eines Netzplans ☐
d. Regelung von Über- und Unterordnung im Rahmen eines Organigramms ☐

Bedenken Sie:

Siehe Aufgabe 1.

Aufbau- oder Ablauforganisation?

④

Die Organisation eines zentralen Schreibdienstes (für die gesamte Unternehmung) berührt einerseits Bereiche der Aufbauorganisation und andererseits Bereiche der Ablauforganisation.

Aufgaben Organisation 5

Kennzeichnen Sie mit einer

1, wenn es sich um Bereiche der Aufbauorganisation
2, wenn es sich um Bereiche der Ablauforganisation

handelt!

a. Nachdem ein Schreibauftrag erledigt ist, wird er durch die Schreibdienstleiterin kontrolliert ☐
b. Die Texte sollen grundsätzlich auf Tonbandkassette diktiert werden ☐
c. Die neue Abteilung heißt „Zentraler Schreibdienst" ☐
d. Wenn die Schreibaufträge erledigt sind, werden sie durch einen Botendienst dem Auftraggeber gebracht ☐
e. Die Abteilungsleiterin ist für die Verteilung der anfallenden Schreibarbeiten zuständig ☐
f. Jede Schreibkraft ist für jede Schreibarbeit einsetzbar ☐

Bedenken Sie:

Siehe Aufgabe 1.
Tonträger sind keine Stelleninhaber. Die Anweisung b. ist als Teilschritt eines Gesamtablaufs zu verstehen.

5

Stellen Sie bei untenstehenden Tätigkeitsbeispielen fest, ob sie **Aufbau- oder Ab-**
lauforganisation?
1. der Aufbauorganisation zuzuordnen sind
2. der Ablauforganisation zuzuordnen sind
3. es sich um keine organisatorische Tätigkeit

handelt!

Tragen Sie die Ziffer vor der jeweils zutreffenden Antwort in die Kästchen ein!

a. Ein Netzplan für die Bauarbeiten beim Aufbau einer abgebrannten Lagerhalle wird erstellt ☐
b. Ein Laufkran wird in die Lagerhalle eingebaut ☐
c. Der Zuständigkeitsbereich eines neuen Geschäftsführers wird festgelegt ☐

Bedenken Sie:

Siehe Aufgabe 1.
Verwechseln Sie nicht (siehe b.) die Durchführung einer Aufgabe mit ihrer Organisation!

6 Aufgaben Organisation

Aufbau- oder Ablauforganisation?

6

Bei der Organisation des Vertriebsbereichs eines Unternehmens fallen Aufgaben im Rahmen der Aufbauorganisation und Aufgaben im Rahmen der Ablauforganisation an. Kennzeichnen Sie die untenstehenden Beispiele mit einer

1, wenn es sich um Aufgaben der Aufbauorganisation handelt
2, wenn es sich um Aufgaben der Ablauforganisation handelt
3, wenn das genannte Beispiel nicht zu den Organisationsaufgaben gehört!

a. Festlegung der Provisionssätze für die Außendienstmitarbeiter ☐
b. Regionale Abgrenzung der Verkaufsbezirke ☐
c. Entscheidung über die Wahl der Alternative „Gesamtvertriebsleiter" oder „Leiter Vertrieb Inland" neben „Leiter Vertrieb Ausland" ☐
d. Ausarbeitung einer Anweisung über die innerbetriebliche Behandlung von Kundenbestellungen ☐
e. Festlegung der Vollmacht, Entscheidungen über Sonderrabatte zu treffen ☐
f. Entwerfen eines einprägsamen Firmenlogos für die Auslieferungsfahrzeuge ☐

Bedenken Sie:

Siehe Aufgabe 1.
a. und f. beschreiben die Durchführung einer Aufgabe, alleine d. beinhaltet den zeitlichen Aspekt der Organisation.

Aufbau- oder Ablauforganisation?

7

Prüfen Sie, welche der untenstehenden Satzergänzungen eine Aussage ergibt, die auf die Graphik zutrifft.

Tragen Sie die Ziffer vor der jeweils richtigen Satzergänzung in die Kästchen ein!

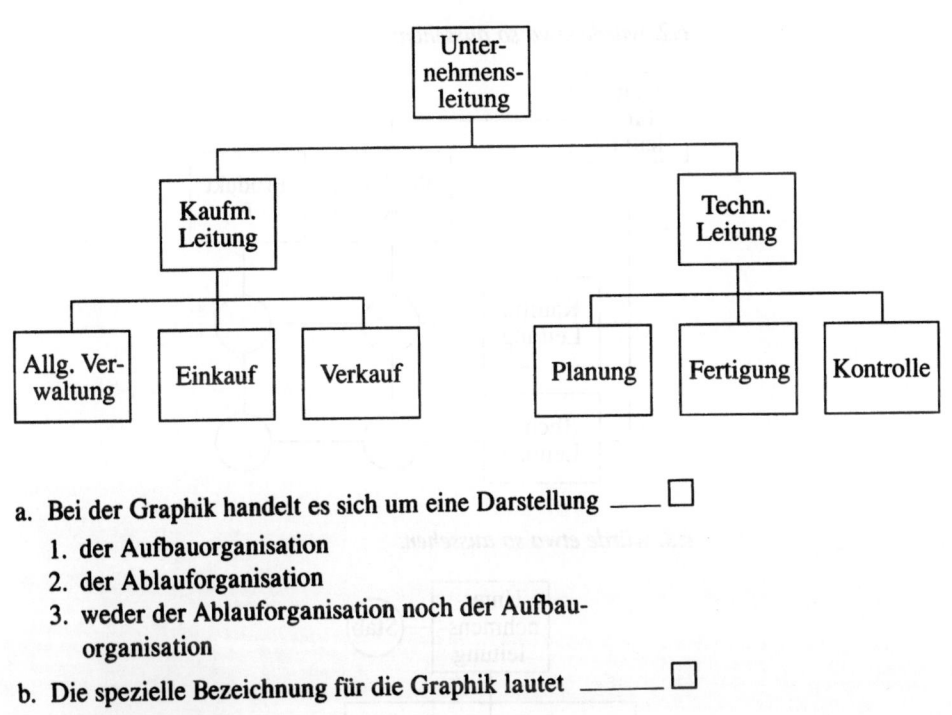

a. Bei der Graphik handelt es sich um eine Darstellung ____ ☐
   1. der Aufbauorganisation
   2. der Ablauforganisation
   3. weder der Ablauforganisation noch der Aufbauorganisation

b. Die spezielle Bezeichnung für die Graphik lautet ____ ☐
   1. Struktogramm
   2. Kommunigramm
   3. Stellenbeschreibung
   4. Organigramm

c. Die Weisungsbefugnisse entsprechen ____ ☐
   1. dem Funktionsmeistersystem
   2. der Matrixorganisation
   3. der Stab-Linienorganisation
   4. der Linienorganisation

Bedenken Sie:

Organigramme bilden Aufbauorganisation ab.
c.1. würde etwa so aussehen:

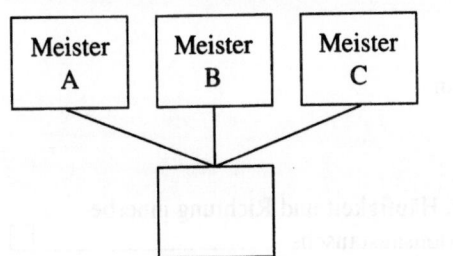

8 Aufgaben Organisation

c.2. würde etwa so aussehen:

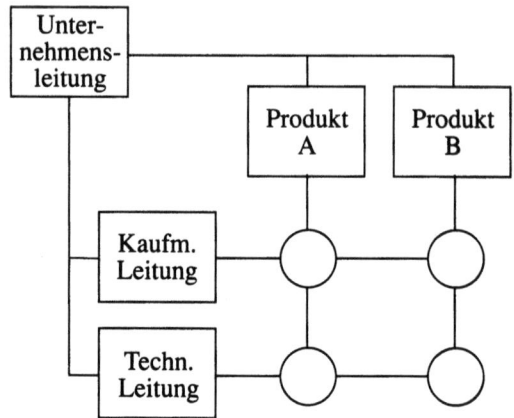

c.3. würde etwa so aussehen:

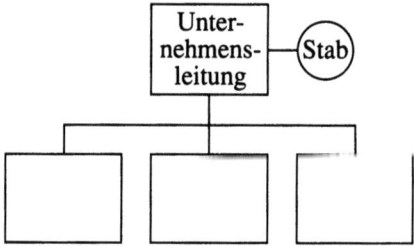

Aufbau- und Ablauforganisation

⑧ Welche Formen graphischer Darstellung von Arbeitsabläufen oder Organisationsstrukturen sind untenstehend erläutert?

Tragen Sie die Ziffer vor der jeweils zutreffenden Darstellungsform in die Kästchen ein!

Darstellungsformen:

1. Balkendiagramm (Gantt-Diagramm)
2. Datenflußplan
3. Netzplan
4. Organigramm
5. Programmablaufplan
6. Kommunigramm

Erläuterungen:

a. Darstellung der Art, Häufigkeit und Richtung innerbetrieblichen Informationsaustauschs _____

b. Schaubild über die Leerzeiten und die Belegungszeiten von Maschinen ☐
c. Darstellung der terminlichen Abhängigkeiten aller zu einem größeren Vorhaben gehörenden Einzeltätigkeiten ☐
d. Veranschaulichung der Zusammenfassung von Stellen zu Abteilungen sowie die Unter- und Überstellungsverhältnisse in einer Unternehmung ☐
e. Überblick über die Datenträger, die zu verarbeitenden Daten sowie die verwendeten Programme ☐

Bedenken Sie:

Siehe Aufgabe 1.
Im übrigen sind die Erläuterungen gut geeignet, um sie sich als Kurzdefinitionen der Darstellungsformen einzuprägen.
Das gilt auch für die beiden folgenden Aufgaben!

⑨

Organisatorische Lösungen werden häufig in graphischer Form festgehalten. Es entstehen dabei

Aufbau- und Ablauforganisation

1. Organigramme
2. Datenflußpläne
3. Netzpläne
4. Programmablaufpläne

Stellen Sie fest, in welcher graphischen Form die nachstehenden Angaben festgehalten werden.

Tragen Sie die Ziffer vor der jeweils zutreffenden Bezeichnung in die Kästchen ein!

a. Folge der gleichzeitig und nacheinander durchzuführenden Arbeiten bei einem Bauprojekt ☐
b. Unterstellungsverhältnis verschiedener Stellen im Betrieb ☐
c. Zeitlich-logische Reihenfolge aller Schritte eines Arbeitsablaufs ☐
d. Zusammenhang zwischen Dateien, Datenträgern und Programmen ☐

⑩

Ordnen Sie den untenstehenden Aufgaben folgende Darstellungsmöglichkeiten zu.

Aufbau- und Ablauforganisation

10 Aufgaben Organisation

Tragen Sie die Ziffer vor der jeweils zutreffenden Darstellungsmöglichkeit in die Kästchen ein!

Darstellungsmöglichkeiten:

1. Programmablaufplan
2. Organigramm
3. Datenflußplan
4. Netzplan

Aufgaben:

a. Eine Übersicht über die betriebliche Arbeitsteilung sowie über die Betriebshierarchie ist zu erstellen _____ ☐
b. Alle gleichzeitig und nacheinander anfallenden Projektarbeiten sind aufzuführen _____ ☐
c. Die einzelnen Operationen des Computersystems bei der Lohn- und Gehaltsabrechnung sind zeitlich und logisch zusammenhängend darzustellen _____ ☐
d. Der Zusammenhang zwischen Daten, Datenträgern und Programmen ist anzugeben _____ ☐

11

Aufbau- und Ablauforganisation

Ordnen Sie den nachfolgenden Begriffen die untenstehenden Organisationsgraphiken zu.

Tragen Sie die Ziffer neben der jeweils zutreffenden Graphik in die Kästchen ein!

a. Aufbauorganisation _____ ☐
b. Ablauforganisation _____ ☐
c. Programmablaufplan _____ ☐
d. Netzplan _____ ☐
e. Organigramm _____ ☐

1.

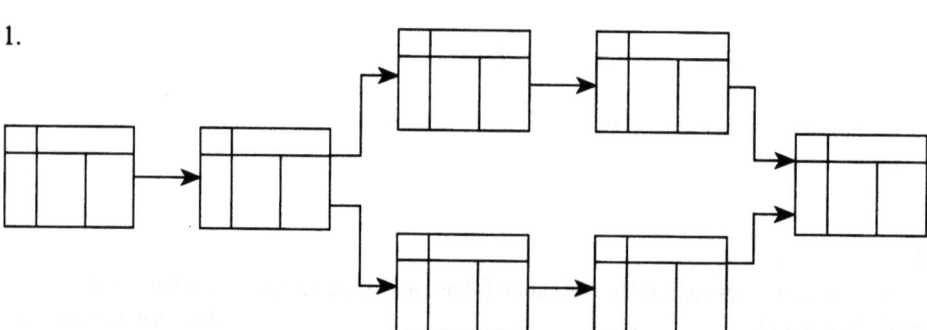

2.

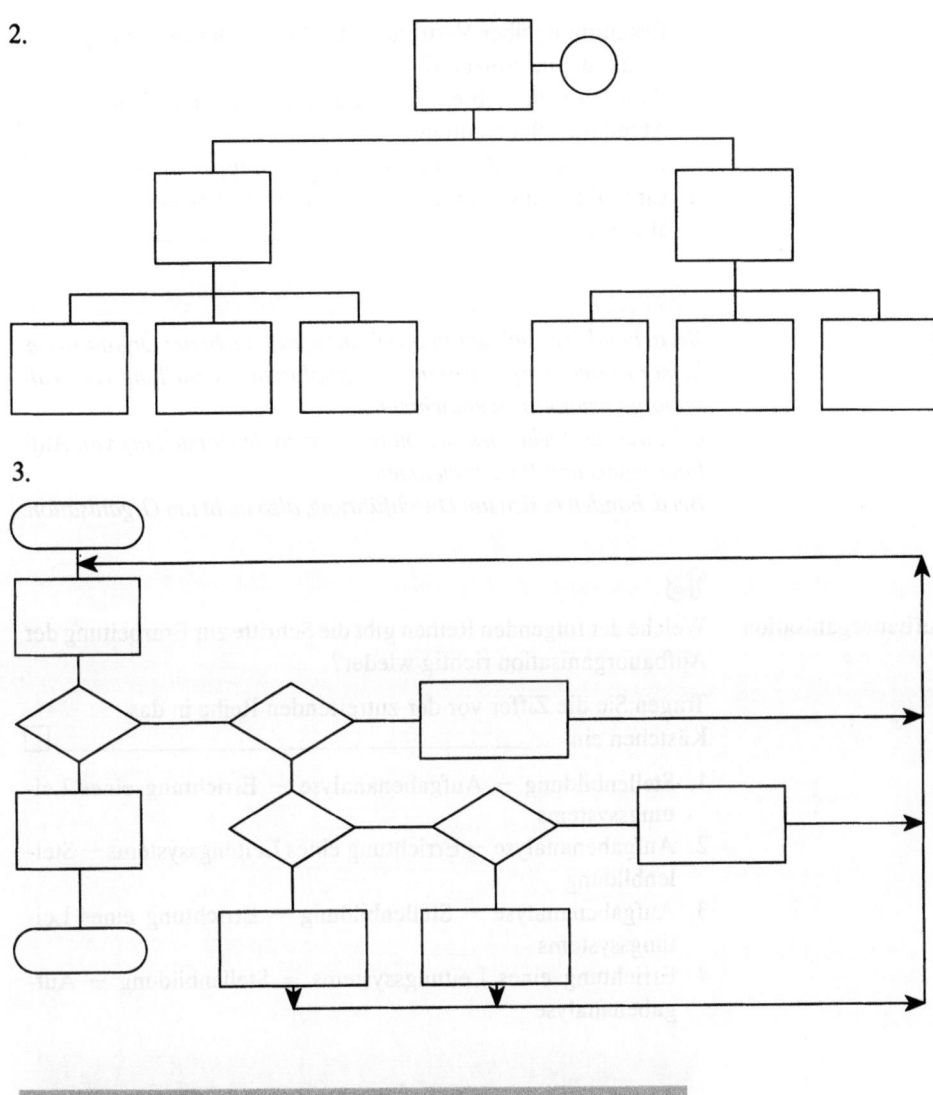

3.

Bedenken Sie:

*Siehe Aufgabe 1.
Die Graphiken sind gute Musterbeispiele zur Illustration der Begriffe.*

12

Kennzeichnen Sie die nachfolgenden Beispiele mit einer **Aufbauorganisation**

1, wenn es sich um Aufgaben der Aufbauorganisation
2, wenn es sich nicht um solche Aufgaben

handelt!

a. Bestimmung über Vertretung des Leiters der Abteilung „Einkauf" im Einzelfall ☐
b. Zuordnung der Abteilung „Rechnungserstellung" zur Abteilung „Buchhaltung" ☐
c. Festlegung von Zuständigkeiten der Gruppenleiter ☐
d. Einstellung eines Organisators durch die Personalabteilung ☐

Bedenken Sie:

Bei a. handelt es sich um Improvisation, also nicht um Organisation.
b. ist aus dem Organigramm (= graphische Darstellung von Aufbauorganisation!) zu entnehmen.
c. ist aus der Stellenbeschreibung (= verbale Darstellung von Aufbauorganisation!) zu entnehmen.
Bei d. handelt es sich um Durchführung, also nicht um Organisation.

Aufbauorganisation

13

Welche der folgenden Reihen gibt die Schritte zur Erarbeitung der Aufbauorganisation richtig wieder?

Tragen Sie die Ziffer vor der zutreffenden Reihe in das Kästchen ein! ☐

1. Stellenbildung — Aufgabenanalyse — Errichtung eines Leitungssystems
2. Aufgabenanalyse — Errichtung eines Leitungssystems — Stellenbildung
3. Aufgabenanalyse — Stellenbildung — Errichtung eines Leitungssystems
4. Errichtung eines Leitungssystems — Stellenbildung — Aufgabenanalyse

Bedenken Sie:

Die Aufbauorganisation wird folgendermaßen entwickelt: Die Gesamtaufgabe wird in Teilaufgaben zerlegt, diese überträgt man auf Stellen, die durch Weisungslinien zu verbinden sind.

Aufbauorganisation

14

Die Aufbauorganisation gliedert die betriebliche Gesamtaufgabe nach den Gesichtspunkten

1. Funktionen
2. Objekte
3. Phasen

Tragen Sie die Ziffer vor dem jeweils zutreffenden Gesichtspunkt
der Aufgabengliederung in die Kästchen ein!

a. Vertriebsmitarbeiter sind entweder im „Vertrieb Inland"
   oder im „Vertrieb Ausland" tätig ───────────── ☐
b. Dem Leiter des Rechnungswesens sind unterstellt:
   Buchhaltung, Betriebsabrechnung, Kalkulation und
   Finanzplanung ─────────────────────── ☐
c. Die Fertigung ist untergliedert in die Bereiche „Rolltreppen" und „Aufzüge" ─────────────── ☐
d. In einem Industriebetrieb sind der Geschäftsleitung
   unterstellt: Beschaffung, Fertigung, Absatz, Rechnungs-
   wesen, Verwaltung ─────────────────── ☐
e. Der Produktionsbereich „Rolltreppen" ist in folgende
   Abteilungen gegliedert: Arbeitsvorbereitung, Werkstatt I,
   Werkstatt II und Fertigungskontrolle ──────── ☐

Bedenken Sie:

Funktionsgliederungen sind auf Verrichtungen bzw. Tätigkeiten zurückzuführen.
Objektgliederungen sind auf Produkte, Regionen, Kundengruppen o. ä. zurückzuführen.
Phasengliederungen sind auf Planung, Durchführung und Kontrolle zurückzuführen.

15

Stellen Sie fest, nach welchen Kriterien die nachstehende Auf- **Aufbauorganisation**
gabengliederung auf der jeweiligen Ebene erfolgte!

Aufgabengliederung:

1. nach der Verrichtung
2. nach dem Rang
3. nach der Phase
4. nach dem Objekt

Tragen Sie die Ziffer vor der jeweils zutreffenden Antwort in die
Kästchen ein!

14 Aufgaben Organisation

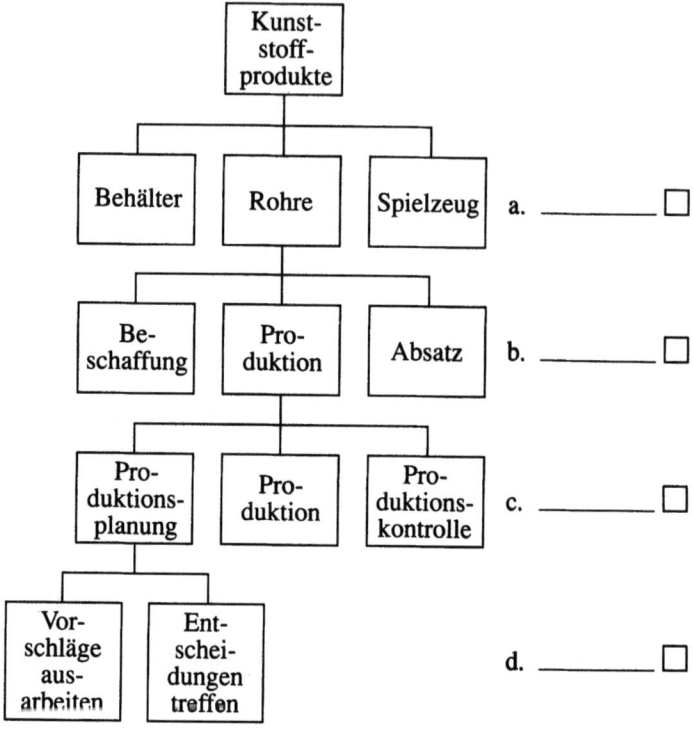

Bedenken Sie:

Siehe Aufgabe 14.
Die Gliederung nach dem Rang ergibt sich durch die Unterscheidung von ausführenden und leitenden Aufgaben.

16

Aufbauorganisation Bei der Aufbauorganisation unterscheidet man die Prinzipien Zentralisation und Dezentralisation.
Welche der nachfolgenden Sachverhalte entsprechen der

1. räumlichen Zentralisation
2. räumlichen Dezentralisation
3. Entscheidungszentralisation
4. Entscheidungsdezentralisation?

Tragen Sie die Ziffer vor der jeweils zutreffenden Antwort in die Kästchen ein!

Sachverhalte:

a. Sonderkonditionen werden nur von der Geschäftsleitung gewährt ☐
b. Jede Produktionsstätte einer Industrieunternehmung betreibt ein eigenes Rohstofflager ☐
c. Jeder Vertriebssachbearbeiter entscheidet eigenständig über Rabattgewährungen ☐
d. Die Lagerung der Werkstoffe erfolgt jeweils in der Nähe der Produktionsstätte ☐
e. Die Ersatzteilversorgung eines Konzerns wird von einem Lager aus vorgenommen ☐

Bedenken Sie:

Unter Zentralisation wird die Zusammenfassung von Aufgaben nach bestimmten Kriterien verstanden und unter Dezentralisation die Trennung und Verteilung von Aufgaben nach diesen Kriterien.

17

Zentralisation und Dezentralisation sind zwei Prinzipien betrieblicher Aufbauorganisation.

Aufbauorganisation

Ordnen Sie den Beispielen a. bis d. die jeweils zutreffende Form der Zentralisation bzw. Dezentralisation zu und tragen Sie die entsprechende Ziffer in die Kästchen ein!

1. räumliche Zentralisation
2. räumliche Dezentralisation
3. Entscheidungszentralisation
4. Entscheidungsdezentralisation

a. Jeder Einkaufssachbearbeiter kann über die üblichen Beschaffungen allein entscheiden ☐
b. Verdienstbescheinigungen für die Mitarbeiter in den Zweigniederlassungen werden im Rechenzentrum der Hauptverwaltung erstellt ☐
c. In jedem Werk eines Konzerns gibt es ein Konstruktionsbüro ☐
d. Die Korrespondenz mit Großkunden ist der Geschäftsleitung zur Genehmigung vorzulegen ☐

Bedenken Sie:

Siehe Aufgabe 16.

16 Aufgaben Organisation

Aufbauorganisation

18

Ordnen Sie nachfolgenden Angaben die passenden Textabschnitte der untenstehenden Anzeige zu, die Auszüge aus einer Stellenbeschreibung enthält.

Tragen Sie die Ziffer vor dem jeweils zutreffenden Abschnitt in die Kästchen ein!

Anzeige:

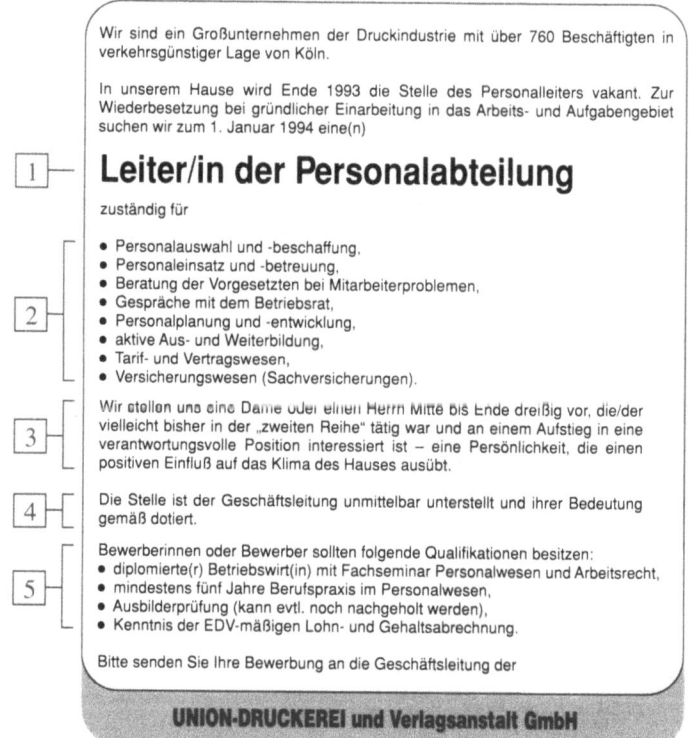

Angaben:

a. Persönliche Anforderungen an den Stelleninhaber/die Stelleninhaberin _____ ☐
b. Stellenaufgaben _____ ☐
c. Stellenanforderungen _____ ☐
d. Eingliederung in die Stellenhierarchie _____ ☐
e. Bezeichnung der Stelle _____ ☐

> *Bedenken Sie:*

a. und c. stehen für das, was an Kenntnissen, Fertigkeiten, Fähigkeiten und Eigenschaften erforderlich ist, um die Stellenaufgaben erfüllen zu können.
b. steht für das, was man tun muß.
d. gibt darüber Auskunft, wer der Stelle über-, unter- und gleichgeordnet ist.

19

Entscheiden Sie, welche der Positionen mit dem Auszug aus einer Stellenbeschreibung dargestellt ist.

Aufbauorganisation

Tragen Sie die Ziffer vor der richtigen Position in das Kästchen ein! ☐

Auszug aus einer Stellenbeschreibung:

I. Kenntnisse:
   Marktmechanismen, gesetzliche Vorschriften, Handelsbräuche, Produkte, Verhandlungstechniken, Mitarbeiterführung
II. Unterstellungen:
    alle Reisenden, Sekretariat
III. Überstellung:
     Kaufmännischer Direktor
IV. Vorbildung:
    höherer Bildungsabschluß, kaufmännische Ausbildung, Marketing-Seminare
V. Berichtspflicht:
   Vertreter-, Kunden-, Bezirks-, Umsatzstatistik, Soll-/Ist-Vergleich
VI. Mitwirkung:
    Absatzplanung, Produktplanung

Positionen:

1. Werbeleiter
2. Verkaufsleiter
3. Einkaufsleiter
4. Direktionsassistent
5. Verkaufssachbearbeiter

> *Bedenken Sie:*

Bei derartigen Aufgaben kommt es in erster Linie darauf an, sehr sorgfältig zu lesen und vor allem die Angaben zur Über- und Unterstellung zu beachten.

18 Aufgaben Organisation

Aufbauorganisation

20

Welches der untenstehenden Schaubilder kennzeichnet das in Stellenbeschreibungen anzustrebende Verhältnis, in dem Aufgaben (A), Kompetenzen (K) und Verantwortung (V) auf den Stelleninhaber/die Stelleninhaberin übertragen werden sollten?

Tragen Sie die Ziffer vor dem zutreffenden Schaubild in das Kästchen ein! ☐

Schaubilder:

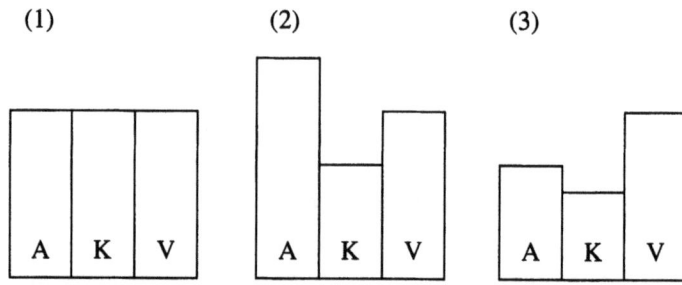

Bedenken Sie:

Wie würde sich folgende Verteilung auswirken?
Die Stellenaufgabe umfaßt u. a. die Erstellung bestimmter Statistiken. Dazu werden übertragen
– Kompetenzen, die nicht ausreichen, um die benötigten Zahlen einzusehen und
– Verantwortung auch für die richtige Ermittlung der übernommenen Zahlen.
Alles klar?

Aufbauorganisation

21

Welche Aussage zum Begriff „Stabsstelle" ist richtig?

Tragen Sie die Ziffer vor der zutreffenden Aussage in das Kästchen ein! ☐

1. Die Stabsstelle erteilt Anweisungen, nach denen sich die Instanzen zu richten haben
2. Die Stabsstelle berät und unterstützt die Instanz
3. Der Stabsstelle sind mehrere Instanzen untergeordnet

Bedenken Sie:

Stäbe haben keine Weisungsbefugnis.

22

Prüfen Sie, ob es sich bei den untenstehenden Stellen um solche mit

1. Linienfunktion
2. Stabsfunktion

handelt!

Tragen Sie die Ziffer vor der jeweils zutreffenden Antwort in die Kästchen ein!

a. Einkaufsleiterin ───────────────── ☐
b. Direktionsassistentin ───────────────── ☐
c. Pressesprecher des Vorstandes ─────────── ☐
d. Einkäufer ───────────────── ☐

Aufbauorganisation

Bedenken Sie:

Siehe Aufgabe 21.

23

Stellen Sie fest, ob es sich bei untenstehenden Tätigkeiten um

1. typische Aufgaben einer Linienabteilung
2. typische Aufgaben einer Stabsabteilung
3. Aufgaben sowohl einer Linien- als auch einer Stabsabteilung

handelt.

Tragen Sie die Ziffer vor der jeweils zutreffenden Antwort in die Kästchen ein!

Aufbauorganisation

Tätigkeiten:

a. Erteilen von Anweisungen ───────────── ☐
b. Durchsetzen von getroffenen Entscheidungen ──── ☐
c. Weitergeben von Informationen ─────────── ☐
d. Beraten von Entscheidungsträgern ─────────── ☐
e. Sammeln von Informationen ─────────── ☐
f. Vorschlagen von Kontrollmöglichkeiten ─────── ☐

Bedenken Sie:

Siehe Aufgabe 21.

24

Welches Leitungssystem ist in der folgenden Skizze dargestellt?

Aufbauorganisation

20 Aufgaben Organisation

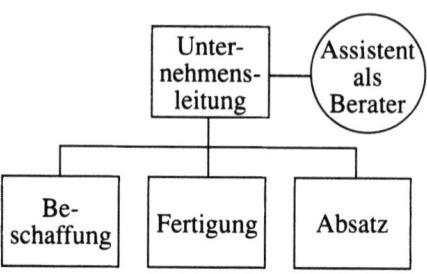

Tragen Sie die Ziffer vor der zutreffenden Antwort in das Kästchen ein! ☐

1. Linienorganisation
2. Stab-Linienorganisation
3. Matrixorganisation

Bedenken Sie:

Wichtig ist auch der Verlauf der Weisungslinien.

Aufbauorganisation

25

Welches der unten dargestellten Systeme ist ein Mehrliniensystem?

Tragen Sie die Ziffer vor der zutreffenden Abbildung in das Kästchen ein! ☐

Abbildungen:

1.

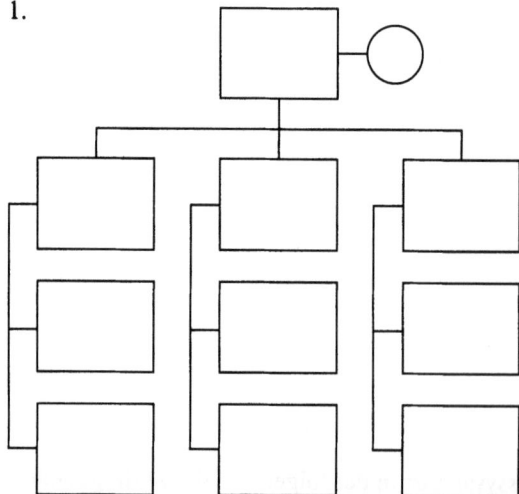

Aufgaben Organisation **21**

2.

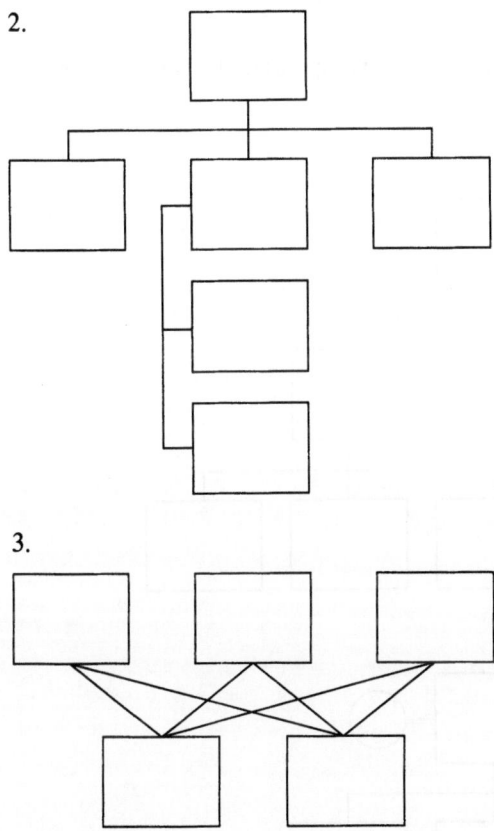

3.

Bedenken Sie:

In Einliniensystemen haben untergebene Stellen jeweils eine vorgesetzte Stelle, und in Mehrliniensystemen haben untergebene Stellen jeweils mehrere vorgesetzte Stellen.

22 Aufgaben Organisation

26

Aufbauorganisation Ordnen Sie die folgenden Organigramme den untenstehenden Bezeichnungen zu!

Organigramme:

1.

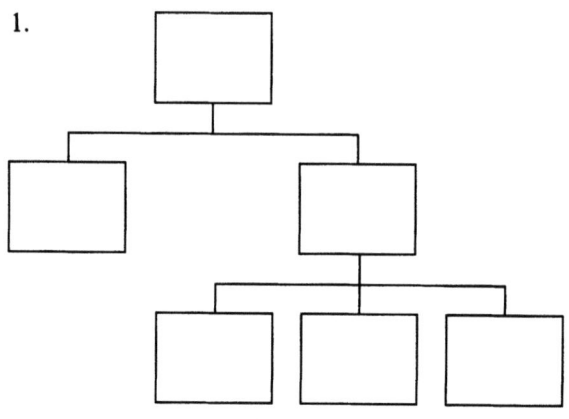

2.

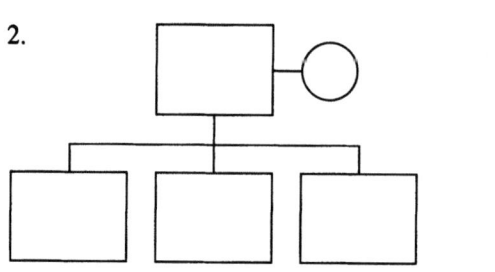

3.

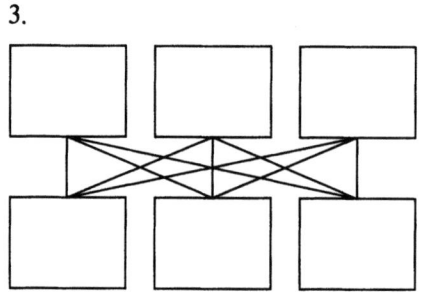

4.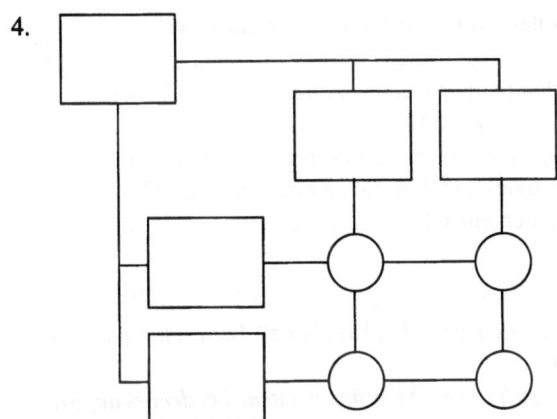

Tragen Sie die Ziffer vor der jeweils zutreffenden Graphik in die Kästchen ein!

Bezeichnungen:

a. Linienorganisation ☐
b. Funktionsmeistersystem ☐
c. Matrixorganisation ☐
d. Stab-Linienorganisation ☐

Bedenken Sie:

Hier haben Sie eine gute Übersicht über die Organigramme. Übrigens: Können Sie hier die Einlinien- von den Mehrliniensystemen unterscheiden? 1. und 2. sind die Einliniensysteme!

27

Betriebliche Leitungs- bzw. Weisungssysteme können als **Aufbauorganisation**

1. Linienorganisation
2. Funktionsmeistersystem
3. Stab-Linienorganisation
4. Spartenorganisation

gestaltet werden.

Auf welche dieser Formen treffen die folgenden Aussagen zu?

Tragen Sie die Ziffer vor der jeweils zutreffenden Form in die Kästchen ein!

Aussagen:

a. Die Gliederungsbreite in Großbetrieben kann zu erheblicher Arbeitsbelastung auf den Führungsebenen führen _ ☐

24 Aufgaben Organisation

    b. Die Einheit der Auftragserteilung ist nicht gewährleistet _____ ☐

    c. Es gibt Stellen ohne Weisungsbefugnis zur fachlichen Beratung der leitenden Stellen _____ ☐

    d. Abstimmungsschwierigkeiten zwischen dem Gesamtunternehmensziel und den Zielen einzelner Betriebsbereiche können entstehen _____ ☐

> **Bedenken Sie:**

Bei 1. handelt es sich um die „klassische" Hierarchie nach dem Einliniensystem.

Bei 2. handelt es sich um ein Mehrliniensystem, bei dem es aufgrund der Mehrfachunterstellungen keine Einheit der Auftragserteilung geben kann.

3. ist durch das Vorhandensein von beratenden Stellen gekennzeichnet.

4. ist ein Einliniensystem, und zwar nach Produkten gegliedert. Die Produktmanager sind für ihren Bereich voll verantwortlich, verfolgen also Ziele, die einer Optimierung nach dem Gesamtunternehmensziel abträglich sein können.

Beachten Sie bitte auch, daß teilweise Bezeichnungen verwendet werden, die von den oben genannten abweichen: So wird die Linienorganisation auch Liniensystem genannt, entsprechend die Stab-Linienorganisation auch Stab-Liniensystem, die Matrixorganisation auch Matrixsystem. Das Funktionsmeistersystem heißt auch Funktionssystem oder Funktionalsystem. Besonders kompliziert wird es, wenn noch die Funktionale Organisation hinzukommt, die ja, ebenso wie die Spartenorganisation (oder das Spartensystem), ein Einliniensystem ist, allerdings mit einer Gliederung nach Verrichtungen. Steigen Sie noch durch?

28

Aufbauorganisation   Die Leitung eines Industriebetriebes kann unterschiedlich aufgebaut sein, nämlich als

1. Linienorganisation
2. Funktionsmeistersystem
3. Stab-Linienorganisation

Welche dieser Organisationsformen liegt bei folgenden Beispielen vor?

Tragen Sie die Ziffer vor der jeweils zutreffenden Form in die Kästchen ein!

Aufgaben Organisation **25**

Beispiele:

a. Es gilt das Prinzip der Einheit der Auftragserteilung uneingeschränkt ☐
b. Spezialisten bereiten die Entscheidungen eines Vorgesetzten vor ☐
c. Jeder Mitarbeiter ist mehreren Vorgesetzten unterstellt ☐

Bedenken Sie:

Siehe Aufgabe 27.

29

Für welche Organisationsformen sind untenstehende Kennzeichnungen typisch?

Aufbauorganisation

Tragen Sie die Ziffer vor der jeweils zutreffenden Form in die Kästchen ein!

Organisationsformen:

1. Linienorganisation
2. Funktionsmeistersystem
3. Stab-Linienorganisation

Kennzeichnungen:

a. Eine untergeordnete Stelle hat jeweils mehrere vorgesetzte Stellen ☐
b. Es bestehen klare Anweisungsverhältnisse mit wenig Möglichkeiten für Kompetenzstreitigkeiten ☐
c. Führungsentscheidungen können mit mehr Spezialwissen vorbereitet werden ☐
d. Einer leitenden Stelle ist eine beratende zugeordnet ☐

Bedenken Sie:

Siehe Aufgabe 27.

30

Ordnen Sie den folgenden Funktionsstellen die Bereiche des untenstehenden Organigramms zu.

Aufbauorganisation

Tragen Sie die Ziffer des jeweils zutreffenden Bereichs in die Kästchen ein!

26 Aufgaben Organisation

Funktionsstellen:

a. Wareneingang _____ ☐
b. Rechtsberatung _____ ☐
c. Prozeßsteuerung _____ ☐
d. Reisende _____ ☐
e. Zentrale Postverteilung _____ ☐

Organigramm:

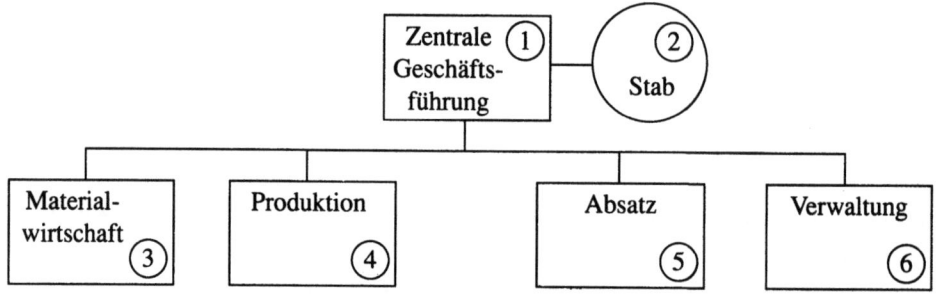

Bedenken Sie:

Bei dieser Aufgabe kommt es darauf an, Ihre Kenntnisse in Organisation mit denen aus anderen Unterrichtsfächern zu verbinden.

31

Aufbauorganisation Ordnen Sie den entsprechenden Tätigkeiten die entsprechenden Funktionsbereiche der Buchhaltung eines Industriebetriebes, die dem folgenden Organigramm zu entnehmen sind, zu.

Organigramm mit Funktionsbereichen:

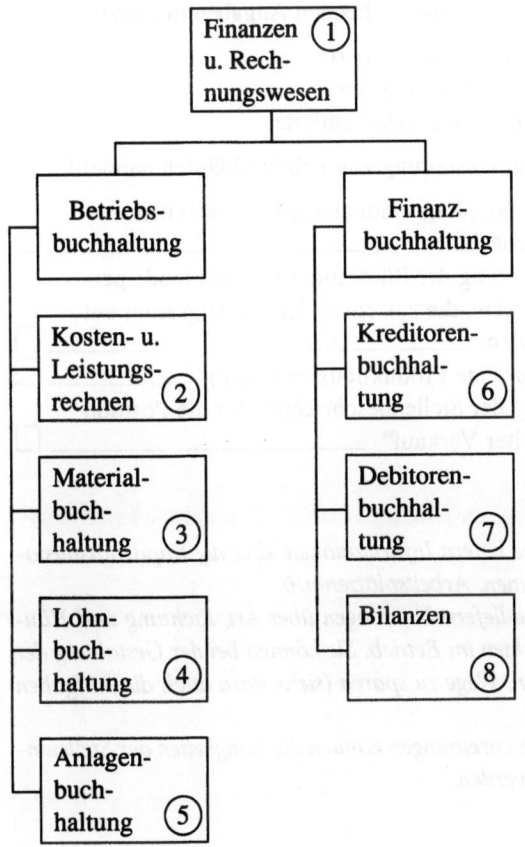

Tragen Sie die Ziffer des jeweils zutreffenden Funktionsbereichs in die Kästchen ein!

Tätigkeiten:

a. Rechnerische Ermittlung von Skontoerträgen ⬜
b. Ermittlung des Betriebsergebnisses ⬜
c. Überwachung der Zahlungseingänge ⬜
d. Auflösung einer Wertberichtigung ⬜
e. Verrechnung von Mitarbeitern gewährten Vorschüssen ⬜
f. Entscheidung über die Einführung eines neuen Kontenplans ⬜

Bedenken Sie:

Siehe Aufgabe 30.

28 Aufgaben Organisation

Ablauforganisation

32

Kennzeichnen Sie die untenstehenden Angaben mit einer

1, wenn es sich um raumorientierte
2, wenn es sich um zeitorientierte
3, wenn es sich um funktionsorientierte

Informationen zur Gestaltung von Arbeitsabläufen handelt!

a. Aus einem Balkendiagramm ablesbare Leerzeiten von Produktionsmaschinen ☐
b. Bei Neueinrichtung der Büroräume zu beachtende persönliche Kontakte, die aus einem Kommunigramm entnommen werden ☐
c. Terminplan für eine Produktionsumstellung ☐
d. Überarbeitung der Stellenbeschreibung für die Position „Abteilungsleiter Verkauf" ☐

Bedenken Sie:

Balkendiagramme liefern Informationen über die Kapazitätsauslastung von Maschinen, Arbeitsplätzen u. ä.
Kommunigramme liefern Unterlagen über Art, Richtung und Häufigkeit von Kontakten im Betrieb. Sie können bei der Gestaltung der Büroräume helfen, Wege zu sparen (siehe dazu auch die Aufgaben 48 und 49).
Aus den Stellenbeschreibungen können die Tätigkeiten der Stelleninhaber abgeleitet werden.

Ablauforganisation

33

Kennzeichnen Sie untenstehende Angaben mit einer

1, wenn es sich um raumorientierte Ablauforganisation
2, wenn es sich um zeitorientierte Ablauforganisation
3, wenn es sich um funktionsorientierte Ablauforganisation

handelt!

Angaben:

a. Urlaubsplan aufstellen ☐
b. Informationsaustausch zwischen verschiedenen Abteilungen graphisch darstellen ☐
c. Dauerbeobachtung einer Bürokraft zur Ermittlung ihrer einzelnen Tätigkeiten ☐

Bedenken Sie:

Siehe Aufgabe 32.

34

Für die untenstehenden Arbeitsschritte eines neu zu gestaltenden Arbeitsablaufs ist eine bestimmte Reihenfolge erforderlich. Geben Sie durch Einsetzen der Ziffern 1 bis 6 die Reihenfolge der Arbeitsschritte an.

Ablauforganisation

a. Entscheidung für die beste Arbeitsmethode ☐
b. Suchen von Schwachstellen der bisherigen Arbeitsmethode ☐
c. Erarbeiten von Alternativen zur Verbesserung des Arbeitsablaufs ☐
d. Beurteilung der zu erwartenden Auswirkungen der alternativen Arbeitsmethoden ☐
e. Einführung der verbesserten Arbeitsmethode ☐
f. Bereitstellung der für die vorgesehene Arbeitsmethode erforderlichen Hilfsmittel ☐

Bedenken Sie:

Grundlage dafür ist das 4-Stufen-Modell der Organisation.

I. Ist-Aufnahme
II. Kritische Analyse (hier 1)
III. Soll-Vorschlag (hier 2, 3, und 4)
IV. Realisation (hier 5 und 6).

(Dieses 4-Stufen-Modell gilt übrigens auch für die Erarbeitung der Aufbauorganisation.)

35

Tragen Sie bei den folgenden Verfahren bzw. Methoden ein eine

Ablauforganisation

1, wenn es sich um Erhebungen zur Ablauforganisation
2, wenn es sich um Darstellungsformen der Ablauforganisation
3, wenn es sich um die Realisierung der Ablauforganisation
4, wenn es sich nicht um ablauforganisatorische Belange

handelt!

Verfahren bzw. Methoden:

a. Interview ☐
b. Netzplan ☐
c. Multimomentstudie ☐
d. Bestellformulare ☐
e. Stellenbeschreibung ☐

30 Aufgaben Organisation

Bedenken Sie:

Siehe Aufgabe 34 und Aufgabe 36.

Zu a. und c.:
Die erste Stufe (Ist-Aufnahme) kann durch Befragung (Interview, Fragebogen) oder durch Beobachtung (Dauerbeobachtung, Multimomentstudie) durchgeführt werden.

Zu b.:
Der Netzplan ist eine graphische Darstellungsform für Ablauforganisation.

Zu d.:
Bestellformulare sind Hilfsmittel für die Realisation.

Zu e.:
Stellenbeschreibungen gehören zur Aufbauorganisation!

Ablauforganisation

36

Zur Erfassung des Ist-Zustandes von Arbeitsabläufen werden verschiedene Methoden eingesetzt. Tragen Sie die Ziffer vor der jeweils zutreffenden Methode in die Kästchen ein!

Methoden:

1. Fragebogenmethode
2. Dauerbeobachtungsmethode
3. Multimomentstudie
4. Interview

Vorgänge:

a. Aus der Häufigkeit, mit der bestimmte Tätigkeitselemente beobachtet werden, schließt man auf ihren prozentualen Anteil an der Gesamttätigkeit _____ ☐
b. Für einen bestimmten Zeitraum ununterbrochene Beobachtung von Arbeitsabläufen _____ ☐
c. Persönlichste Form der Ist-Aufnahme, die bei Unklarheiten Rückfragen gestattet _____ ☐
d. Untersuchungen können auch in größeren Bereichen gleichzeitig durchgeführt werden und kommen in einheitlicher Form zum Organisator zurück _____ ☐

Bedenken Sie:

Siehe Aufgaben 34 und 35.

37

Der Ist-Zustand des Arbeitsablaufs kann mit Hilfe folgender Methoden ermittelt werden: **Ablauforganisation**

1. Dauerbeobachtung
2. Multimomentstudie
3. Interview
4. Fragebogen

Stellen Sie bei nachstehenden Aussagen fest, welche dieser Methoden jeweils erläutert wird, und tragen Sie die Ziffer vor der jeweils zutreffenden Antwort in die Kästchen ein!

a. Der Organisator hält sich längere Zeit ununterbrochen am Ort des Geschehens auf ☐

b. Im Gespräch mit dem Mitarbeiter verschafft sich der Organisator einen Überblick über Aufgaben, Arbeitsgänge und Belastungen des Stelleninhabers ☐

c. Zahlreiche Augenblicksbeobachtungen ersetzen die fortlaufende Dauerbeobachtung ☐

d. Die Organisatorin macht stichprobenartige Einzelbeobachtungen ☐

Bedenken Sie:

Siehe Aufgaben 34 und 35.

38

Ordnen Sie die folgenden Begriffe den untenstehenden Definitionen aus dem Bereich der Ablauforganisation zu und tragen Sie die Ziffer vor dem jeweils zutreffenden Begriff in die Kästchen ein!   **Ablauforganisation**

Begriffe:

1. Balkendiagramm
2. Netzplan
3. Ablaufplan

Definitionen:

a. Darstellung der aufeinanderfolgenden und parallel abzuwickelnden Tätigkeiten im Zusammenhang mit einem Projekt ☐

b. Darstellung von Tätigkeiten eines Arbeitsprozesses durch unterschiedliche Symbole ☐

c. Darstellung zur Erkennung von freien Kapazitäten oder Überbeanspruchung von Produktionsfaktoren ☐

Bedenken Sie:

Die Aufgabe ist gut geeignet, um sich die Kurzdefinitionen einzuprägen.

㊴

Ablauforganisation

In der Fertigungsorganisation wird der Zusammenhang zwischen Aufträgen, benötigten Maschinen und zur Verfügung stehenden Fertigungs- bzw. Maschinenzeiten häufig in Balkendiagrammen (sog. Gantt-Diagrammen) dargestellt.

Diagramm:

A\B	1	2	3	4	5	6	7	8	9	10
C										
C										
C										

Beschriftungen:

1. Kalenderwoche
2. Auftrag
3. Maschine
4. Auftragsnummer
5. Maschinennummer

Prüfen Sie, welche der obenstehenden Beschriftungen in die Felder A bis C einzutragen sind, wenn es sich bei dem abgebildeten Diagramm alternativ handelt um einen

Maschinenbelegungsplan:

a. Maschinenbelegungsplan in Feld A _____ ☐
b. Maschinenbelegungsplan in Feld B _____ ☐
c. Maschinenbelegungsplan in Felder C _____ ☐

oder um ein

Auftragsdiagramm:

d. Auftragsdiagramm in Feld A _____ ☐
e. Auftragsdiagramm in Feld B _____ ☐
f. Auftragsdiagramm in Felder C _____ ☐

Bedenken Sie:

Der Trick dabei ist, sich das Balkendiagramm zweimal vorzustellen (einmal eben als Maschinenbelegungsplan und einmal als Auftrags-

diagramm) und die Kopfzeilen bzw. Vorspalten passend zu benennen.

㊵

In der Ablauforganisation wird zur Darstellung von Arbeitsabläufen der Netzplan verwendet.

Ablauforganisation

Ordnen Sie folgenden Formeln für die Berechnung der Zeiten des Vorgangsknotens die untenstehenden Bezeichnungen zu, und tragen Sie die Ziffer vor der jeweils zutreffenden Formel in die Kästchen ein!

Formeln:

1. FAZ + D
2. SEZ − D
3. FAZ − FEZ benachbarter Vorgänge
4. SAZ − FAZ
5. SEZ − FEZ

Bezeichnungen:

a. Frühester Endzeitpunkt ⬜
b. Spätester Anfangszeitpunkt ⬜
c. Gesamtpuffer ⬜
d. Freier Puffer ⬜

Legende:

FAZ frühester Anfangszeitpunkt
FEZ frühester Endzeitpunkt
SAZ spätester Anfangszeitpunkt
SEZ spätester Endzeitpunkt
GP   Gesamtpuffer
FP   Freier Puffer
D   Dauer des Vorgangs

FAZ   FEZ

Nr.	Bezeichnung	
D	GP	FP

SAZ   SEZ

Bedenken Sie:

Falls Sie die Aufgabe nicht spontan lösen können, sollten Sie nochmals in Ihrem Lehrbuch nachschlagen und ggf. eine Netzplanberechnung nachvollziehen.

34 Aufgaben Organisation

41

Organisations-
prozeß

Die Aufgabe der betrieblichen Organisation besteht aus den Teilbereichen

1. Planung
2. Durchführung
3. Kontrolle

Stellen Sie für jedes der folgenden Beispiele fest, um welchen Aufgabenbereich es sich handelt. Tragen Sie die Ziffer vor dem jeweils zutreffenden Aufgabenbereich in die Kästchen ein!

a. Erstellung eines Arbeitsplanes in einer Projektgruppe „Endmontage" ☐
b. Programmtest mit Test- und Originaldaten ☐
c. Festlegung der Programmvorgaben ☐
d. Endmontage nach vorliegendem Arbeitsplan ☐
e. Programmierung des Lohn- und Gehaltsprogramms in BASIC ☐
f. Probelauf einer Maschine zum Zweck der Endabnahme ☐

Bedenken Sie:

Hier wurden zu den Phasen Beispiele aus unterschiedlichen Aufgabenerfüllungsprozessen angeführt.

42

Organisation
Disposition
Improvisation

Prüfen Sie bei den untenstehenden Sachverhalten, ob es sich um Regelungen im Rahmen von

1. Organisation
2. Disposition
3. Improvisation

handelt.

Tragen Sie die Ziffer vor der jeweils zutreffenden Regelung in die Kästchen ein!

Sachverhalte:

a. Der Produktionsmengenplan sieht für den Folgemonat eine Erhöhung der Ausbringungsmenge um eine Tonne vor. Danach wird die Standardmenge von zwanzig Tonnen bis auf weiteres beibehalten ☐
b. Wegen der plötzlichen Erkrankung einer Sekretärin springt eine Schreibkraft ein ☐

c. Alle Urlaubszeiten müssen schriftlich in der Personalakte festgehalten werden ☐
d. Die Einsendungen zu der laufenden Werbekampagne werden in der Reihenfolge ihres Eingangs bearbeitet ☐

Bedenken Sie:

Die generelle, dauerhafte Regelung ist Organisation.
Die fallweise, kurz- bis mittelfristige Regelung ist Disposition.
Die spontane Einzelfallregelung ist Improvisation.

43

In der Graphik wird das Substitutionsprinzip der Organisation dargestellt. Ordnen Sie den Bereichen A, B und C die entsprechende Art der Regelung zu und tragen Sie die Ziffer vor der jeweils zutreffenden Regelung in die Kästchen ein!

Organisation
Disposition
Improvisation

Regelungen:

1. Organisation
2. Improvisation
3. Disposition

Entwicklungsbereiche:

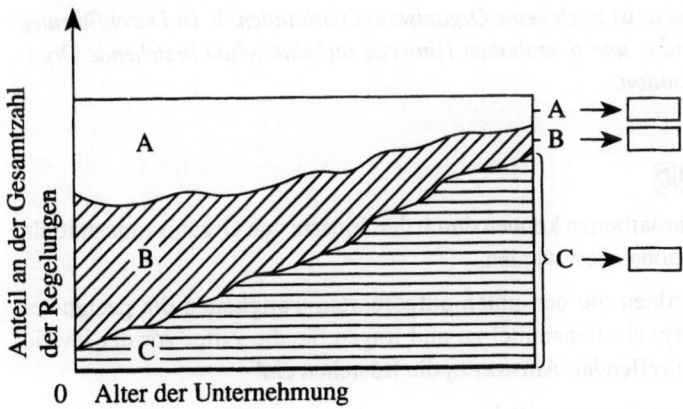

Bedenken Sie:

Das Substitutionsprinzip besagt, daß tendenziell im Zeitablauf fallweise Regelungen (Improvisation, Disposition) durch generelle Regelungen (Organisation) ersetzt werden.

44

Neu-/Reorganisation

Von Neuorganisation spricht man, wenn Aufbau und Ablauf für ein zu gründendes Unternehmen geregelt werden müssen. Die Änderung von bestehenden Strukturen oder Abläufen bezeichnet man dagegen als Reorganisation.

Entscheiden Sie, bei welchem der nachfolgenden Beispiele

1. eine Neuorganisation
2. eine Reorganisation
3. überhaupt keine Organisation

angesprochen ist.

Tragen Sie die Ziffer vor der jeweils zutreffenden Antwort in die Kästchen ein!

a. Regelungen im Zusammenhang mit dem Aufbau der Buchhaltung für ein ausländisches Zweigwerk, das zum Jahresbeginn seinen Betrieb aufnimmt _____ ☐
b. Druck von Organisationshandbüchern _____ ☐
c. Regelungen im Zusammenhang mit der Abgabe der bisher im Hause geführten Lohn- und Gehaltsabrechnung an ein Dienstleistungsrechenzentrum _____ ☐
d. Regelungen im Zusammenhang mit dem Übergang vom zentralen zum dezentralen Vertrieb _____ ☐

Bedenken Sie:

Bei a. ist noch keine Organisation vorhanden. b. ist Durchführung, und c. und d. enthalten Hinweise auf eine schon bestehende Organisation.

45

Organisationsmittel

Büroarbeiten können durch den Einsatz von Organisationsmitteln rationalisiert werden.

Ordnen Sie den unten aufgeführten Tätigkeiten die geeigneten Organisationsmittel zu und tragen Sie die Ziffer vor der jeweils zutreffenden Antwort in die Kästchen ein!

Organisationsmittel:

1. Optischer Belegleser
2. Mikrofilm
3. Hängeregistratur
4. Elektronischer Taschenrechner
5. Diktiergerät
6. Tageslichtprojektor

Tätigkeiten:

a. Eingeben der aktuellen Lagerbestände auf OCR-Belegen ──────────────── ☐
b. Führen der Personalakten ─────────────── ☐
c. Beantworten von Briefen ─────────────── ☐
d. Prüfen der Endsummen auf Eingangsrechnungen ──── ☐
e. Erläutern der Umsatzentwicklung auf einer Konferenz ── ☐
f. Platzsparendes Archivieren von Schriftgut ──────── ☐

Bedenken Sie:

Erinnern Sie sich vor allem an das, was Sie in der Praxis gelernt haben.

46

Die Unternehmensleitung kann aus einer einzigen Person oder einer Gruppe bestehen. Dann können folgende Entscheidungssysteme relevant werden:

Entscheidungssysteme

1. das Direktorialsystem
2. die Primatkollegialität
3. die Abstimmungskollegialität
4. die Kassationskollegialität

Ordnen Sie den folgenden Erläuterungen das passende Entscheidungssystem zu und tragen Sie die Ziffer vor der jeweils zutreffenden Antwort in die Kästchen ein!

a. Ein Mitglied hat den Vorsitz der Gruppe und entscheidet bei Stimmengleichheit ─────────────── ☐
b. Die Leitung liegt in einer Hand, eine Person trifft die Anordnungen und trägt auch die Verantwortung ──── ☐
c. Alle Mitglieder der Gruppe stimmen gleichberechtigt nach dem Mehrheitsprinzip ab ─────────── ☐
d. Alle Mitglieder der Gruppe stimmen gleichberechtigt ab. Entscheidungen kommen nur bei Einstimmigkeit zustande, so daß jedes Gruppenmitglied ein Vetorecht hat ── ☐

Bedenken Sie:

a., c. und d. sind Unterformen des Kollegialprinzips, im Gegensatz zum Direktorialsystem, das selbstverständlich dem Direktorialprinzip folgt.

47

Organisations-grundsätze

Für die Organisationsarbeit gelten folgende Grundsätze:

1. Klarheit
2. Zweckmäßigkeit
3. Kontinuität

Gegen welchen dieser Grundsätze ist in den folgenden Beispielen verstoßen worden?

Tragen Sie die Ziffer vor der jeweils zutreffenden Antwort in die Kästchen ein!

a. Die Reisekosten der Außendienstmitarbeiter sind besonders hoch, weil die Mehrzahl dieser Mitarbeiter nicht in dem von ihnen zu betreuenden Gebiet wohnt____ ☐

b. Eine organisatorische Regelung wird mit dem Kommentar eingeführt: „Sollten sich in der Praxis Schwierigkeiten ergeben, erfolgt eine kurzfristige Änderung der Regelung" _____ ☐

c. Im Organigramm eines Industriebetriebes sind die Beziehungen der einzelnen Abteilungen zueinander nur dann zu durchschauen, wenn sie von einem langjährigen Mitarbeiter erläutert werden_____ ☐

Bedenken Sie:

Diese Aufgabe ist ein Beispiel dafür, daß man manchmal einfach seinen gesunden Menschenverstand mobilisieren muß!

48

Kommunigramm

Stellen Sie anhand des untenstehenden Kommunigramms die Anzahl der Kommunikationsbeziehungen fest, die zwischen der Geschäftsleitung und den Abteilungen Einkauf und Lager insgesamt stattfanden, und tragen Sie die Zahl in das Kästchen ein! _____ ☐

Kommunigramm:

Geschäftsleitung	30
Einkauf	20
Verkauf	24
Lager	36
Produktion	42

Bedenken Sie:

Geschäftsleitung	30				
Einkauf	20	5			
Verkauf	24	3	10	5	
Lager	36	1	10	2	10
Produktion	42	20	10		

So liest man die Anzahl der Kommunikationsbeziehungen zwischen Geschäftsleitung und Lager ab.

㊾

a. Ermitteln Sie mit Hilfe der untenstehenden Tabelle   **Kommunigramm**

   aa. die Anzahl der Kommunikationsvorgänge zwischen
       Abteilung Verkauf und Abteilung Einkauf _____ ☐

   ab. die Anzahl der schriftlichen Kommunikations-
       vorgänge mit der Abteilung Einkauf _____ ☐

   ac. die Gesamtzahl aller Kommunikationsvorgänge mit
       der Abteilung Einkauf! _____ ☐

Tabelle:

	Abteilung Einkauf									
	Kommunikation mit den Stellen									
Kommunikationsarten	Unternehmensleitung	Kaufmännische Leitung	Verkauf	Einkauf	Personalwesen	Rechnungswesen	Technische Leitung	Lager	Konstruktion	Fertigung
persönlich		15	7	–				2	2	
schriftlich		6	8	–				4	9	
fernmündlich		19	5	–				4	9	
Summe										

40 Aufgaben Organisation

b. Übernehmen Sie die notwendigen Angaben aus der Tabelle in das Kommunigramm und ermitteln Sie

ba. die Summe der Kommunikationsvorgänge mit der kaufmännischen Leitung _____ ☐

bb. die Gesamtzahl aller Kommunikationsvorgänge mit der Abteilung Verkauf! _____ ☐

Kommunigramm:

10	Unternehmensleitung		200
	20	Kaufmännische Leitung	
		21	Verkauf	
		22	Einkauf	
		23	Personalwesen	60
		24	Rechnungswesen	30
	30	Technische Leitung	280
		31	Lager	
		32	Konstruktion	60
		33	Fertigung	90

Werte im Kommunigramm: 120, 40, 30, 20, 80, 20, 20, 30, 10, 10, 40, 60, 10, 20

Bedenken Sie:

b.: *Vorgehen wie bei Aufgabe 48.*

50

Management-prinzipien u. a.

Welche der folgenden Prinzipien und Verfahrensweisen der Organisation sind den untenstehenden Fällen zuzuordnen?

Tragen Sie die Ziffer vor der jeweils zutreffenden Antwort in die Kästchen ein!

Prinzipien/Verfahrensweisen:

1. Substitutionsprinzip der Organisation
2. Management by objectives
3. Zentralisation
4. Einliniensystem
5. Dezentralisation
6. Mehrliniensystem

Aufgaben Organisation   41

Fälle:

a. In einer von fünf Niederlassungen einer Industrieunternehmung werden die Geschäftsfälle der gesamten Unternehmung gebucht ⬚

b. Die Betriebsorganisation verwirklicht den Grundsatz der „Einheit der Auftragserteilung" ⬚

c. Es besteht die Tendenz, fallweise Regelungen durch generelle Regelungen abzulösen ⬚

d. Die an der Durchführung der Aufgabe beteiligten Mitarbeiter wirken bei der Zielformulierung mit ⬚

e. Jede der fünf Niederlassungen einer Industrieunternehmung hat ein eigenes Fertigungslager ⬚

Bedenken Sie:

Hier sind gute Kurzdefinitionen für die Prinzipien bzw. Verfahrensweisen vorzufinden.

Übrigens: Management by objectives bedeutet Führung durch Zielvereinbarung! Management by exceptions wäre Führung (nur) im Ausnahmefall, Management by delegation beinhaltet die Übertragung weitgehender Entscheidungsfreiheit und Verantwortung an die Mitarbeiter.

B. Datenverarbeitung

1

Kennzeichnen Sie die untenstehenden Angaben mit einer **Datenarten**

1, wenn es sich um Stammdaten
2, wenn es sich um Bewegungsdaten

handelt!

a. Personalnummer ☐
b. Abrechnungsmonat ☐
c. Geleistete Arbeitsstunden ☐
d. Familienstand ☐

Bedenken Sie:

Stammdaten ändern sich grundsätzlich nicht, d. h., man kann immer wieder auf sie zurückgreifen.
Bewegungsdaten können sich mit jedem Bearbeitungsvorgang ändern.
Gefragt ist hier also nach dem Grad der Veränderungshäufigkeit.

2

Kennzeichnen Sie untenstehende Angaben aus einer Rechnung **Datenarten**
mit einer

1, wenn es sich um Stammdaten
2, wenn es sich um Bewegungsdaten

handelt!

a. Kundenadresse: Müller KG, Riehler Straße 37, Köln ☐
b. Rechnungsdatum: 16. April 1993 ☐
c. Artikelnummer: 04711 ☐
d. Menge: 50 kg ☐
e. Nettowert: 100,– DM ☐
f. Rechnungsbetrag: 115,– DM ☐

Bedenken Sie:

Siehe Aufgabe 1.

3

Ordnen Sie die Erklärungen den untenstehenden Datenarten zu: **Datenarten**

1. sowohl Stammdaten als auch Rechendaten
2. sowohl Rechendaten als auch Bewegungsdaten

3. sowohl Stammdaten als auch Ordnungsdaten
4. sowohl Bewegungsdaten als auch Ordnungsdaten

Tragen Sie die Ziffer vor der jeweils zutreffenden Erklärung in die Kästchen ein!

a. Bestellmenge, Gesamtpreis ───────────── ☐
b. Kundennummer, Artikelnummer ───────────── ☐
c. Rechnungsnummer, Rechnungsdatum ───────── ☐
d. Stückpreis ───────────────────────── ☐

Bedenken Sie:

Siehe Aufgabe 1.
Mit Rechendaten werden eben Rechenoperationen durchgeführt, Ordnungsdaten ermöglichen das Sortieren.
In diesen beiden Fällen steht die Funktion der Daten im Vordergrund.

Datenarten

④ Daten können nach unterschiedlichen Kriterien eingeteilt werden. Man spricht unter anderem von Stammdaten, Bewegungsdaten, Rechendaten oder Ordnungsdaten.

Suchen Sie unter den nachfolgenden Auszügen aus einer Rechnung diejenige Angabe heraus, die sowohl Bewegungsdatum als auch Ordnungsdatum sein kann, und tragen Sie die Ziffer vor der zutreffenden Antwort in das Kästchen ein! ───────────── ☐

1 Kundennummer
2 Rechnungsdatum
3 Umsatzsteuersatz
4 Bruttobetrag der Rechnung

Bedenken Sie:

Siehe Aufgabe 1 und 3.
Jede Rechnung, die verbucht werden soll, kann ein anderes Datum haben, und es ist möglich, die Rechnungen danach zu sortieren.

Datenarten

⑤ Welche der folgenden Kriterien für die Einteilung von Daten treffen auf die untenstehenden Begriffe zu?

1. Funktion der Daten bei der Verarbeitung
2. Grad der Veränderungshäufigkeit der Daten
3. Phase des Verarbeitungsprozesses

Tragen Sie die Ziffer vor dem jeweils zutreffenden Kriterium in die Kästchen ein!

a. Stammdaten ☐
b. Eingabedaten ☐
c. Rechendaten ☐
d. Ordnungsdaten ☐
e. Bewegungsdaten ☐
f. Ausgabedaten ☐

Bedenken Sie:

Siehe Aufgabe 1 und 3.

Zu b. und f.:
Denken Sie an das EVA-Prinzip (Eingabe → Verarbeitung → Ausgabe), nach dem jeder Verarbeitungsprozeß abläuft.

⑥

Ordnen Sie die folgenden Datenarten den untenstehenden Beispielen zu.

Datenarten

Tragen Sie die Ziffer vor der jeweils zutreffenden Datenart in die Kästchen ein!

1. Numerische Daten
2. Alphabetische Daten
3. Alphanumerische Daten

a. 1 : 6 ☐
b. ABK ☐
c. 8663 ☐
d. 194/7 ☐
e. D − 4800 ☐
f. BfA ☐
g. 796548 ☐

Bedenken Sie:

Außer nach den bisher behandelten Kriterien können Daten auch nach den verwendeten Zeichen eingeteilt werden.
Numerische setzen sich nur aus Ziffern zusammen, alphabetische nur aus Buchstaben und/oder Sonderzeichen, alphanumerische aus Ziffern mit Buchstaben und/oder Sonderzeichen.

Logische Einheiten

7

Die Ordnung der Daten kann hierarchisch aufgefaßt werden.

a. Kennzeichnen Sie die Rangfolge der folgenden Begriffe mit den Ziffern 1 bis 4. Geben Sie dabei dem niedrigsten Rang die Ziffer 1.

Datenfeld _____ ☐
Datei _____ ☐
Datensatz _____ ☐
Zeichen _____ ☐

b. Worin liegt der Grund für diese Einteilung? Tragen Sie die Ziffer vor der jeweils zutreffenden Antwort in das Kästchen ein! _____ ☐

1. Physikalische Ordnung bei der Datenübertragung
2. Wirtschaftliche Einteilung bei der Kapazitätsausnutzung
3. Logische Ordnung bei der Informationsverarbeitung
4. Visuelle Ordnung beim Entwurf von Bildschirmmasken

Bedenken Sie:

Die Datenhierarchie ergibt sich aus der logischen Ordnung der Daten praktisch nach dem Umfang der einzelnen „Informationspakete".
Dabei ist das kleinste — unteilbare! — Element das Zeichen.
Bilden mehrere Zeichen zusammen eine sinnvolle Information, so spricht man vom Datenfeld.
Die Gruppe von Datenfeldern, die einen Sachverhalt vollständig beschreibt, nennt man Datensatz.
Die Datei faßt alle gleichartigen Datensätze zusammen.
Werden Dateien miteinander verknüpfbar gemacht, hat man eine Datenbank.

Logische Einheiten

8

Ordnen Sie die folgenden Angaben den logischen Einheiten zu:

1. Kundennummer
2. alle Kundensätze
3. eine Ziffer der Kundennummer
4. alle Daten, die einen Kunden kennzeichnen

Tragen Sie die Ziffer vor der jeweils zutreffenden Angabe in die Kästchen ein!

a. Datei _____ ☐
b. Satz _____ ☐

c. Feld _____ ☐
d. Zeichen _____ ☐

Bedenken Sie:

Siehe Aufgabe 7.

⑨

Ordnen Sie die folgenden Begriffe der Datenhierarchie den passenden Aussagen zu, und tragen Sie die Ziffer vor dem jeweils zutreffenden Begriff in die Kästchen ein!

Logische Einheiten

Begriffe:

1. Zeichen
2. Datei
3. Datenbank
4. Datensatz
5. Datenfeld

Aussagen:

a. Logische Verknüpfung mehrerer Dateien _____ ☐
b. Buchstabe „M" _____ ☐
c. Gesamtheit aller Datensätze, die in logischem Zusammenhang stehen _____ ☐
d. Familienname eines Mitarbeiters (z. B. Müller) __ ☐
e. Alle Angaben zum Mitarbeiter Müller (Name, Anschrift, Wohnort, Personalnummer) _____ ☐

Bedenken Sie:

Siehe Aufgabe 7.

⑩

Ordnen Sie den untenstehenden Begriffen die Ziffern 1 bis 4 in folgendem Auszug aus einem Datenbestand zu.

Logische Einheiten

Auszug aus einer Personalstammdatei: Siehe nächste Seite.

50 Aufgaben Datenverarbeitung

$$\overbrace{\hspace{6cm}}^{(1)}$$

4712 Müller, Anna   05.08.1939   5000 Köln 1   Poststr. 7

.   .   .   .   .
.   .   .   .   .

        (2)   · (3)
        ↑

4793 Roth, Heinz   23.06.1945   5000 Köln 1   Schloßallee 2 } (4)

.   .   .   .   .
.   .   .   .   .

Begriffe:

a. Zeichen _____ ☐
b. Datenfeld _____ ☐
c. Datensatz _____ ☐
d. Datei _____ ☐

Bedenken Sie:

Siehe Aufgabe 7.

Logische Einheiten

11

Prüfen Sie, welche der folgenden Angaben beim Erarbeiten der Struktur einer neuen Datei

1. nur beim Entwurf einer Kundenstammdatei
2. nur beim Entwurf einer Artikelstammdatei
3. beim Entwurf von Kunden- und Artikelstammdateien
4. überhaupt nicht für die Struktur der vorgenannten Dateien festgelegt werden müssen!

Tragen Sie die Ziffer vor der jeweils zutreffenden Antwort in die Kästchen ein!

Angaben:

a. Datensatzlänge _____ ☐
b. Feld für Artikelnummer _____ ☐
c. Anzahl der Datensätze _____ ☐
d. Datenfeldlänge _____ ☐
e. Feld für Bonitätsvermerk _____ ☐
f. Dateiname _____ ☐
g. Art des Datenträgers _____ ☐

Bedenken Sie:

Denken Sie daran, welche Angaben ausschließlich von der späteren Verwendung der Datei abgeleitet werden, welche für alle Dateien (und nicht nur für die genannten Beispiele) zutreffen und welche sich erst ergeben, wenn mit der Datei tatsächlich gearbeitet wird.

Prüfen Sie anhand der vorgegebenen Datenfelder, ob es sich bei den untenstehenden Datensätzen um Beispiele für eine

Logische Einheiten

1. Kundenstammdatei
2. Artikelstammdatei
3. Rechnungs- bzw. Auftragsdatei
4. Lagerbestandsdatei

handelt!

Tragen Sie die Ziffer vor der jeweils zutreffenden Dateiart in die Kästchen ein!

Datensätze:

A	Kunden-nummer	Kunden-name	Artikel-nummer	div. Felder
B	Kunden-nummer	Kunden-name	Adresse	Liefer-anschrift	div. Felder
C	Artikel-nummer	Artikel-name	Größe	div. Felder
D	Artikel-nummer	Mengen-name	Ort	div. Felder

Diese Datensätze sind Beispiele für folgende Dateien:

a. Beispiel A _____ ☐
b. Beispiel B _____ ☐
c. Beispiel C _____ ☐
d. Beispiel D _____ ☐

Bedenken Sie:

Der Name der Datei zeigt an, worüber die Datei Auskunft gibt. Sorgfältig lesen!

Ein Personalstammsatz ist wie folgt aufgebaut:

Logische Einheiten

Personal-nummer	Name u. Vorname	An-schrift	Lohn- oder Gehalts-empfänger	Abtei-lung	Geburts-datum	Eintritts-datum

Welches der nachfolgenden Auswertungsergebnisse kann aus diesem Personalstammsatz nicht ermittelt werden?

Tragen Sie die Ziffer vor der zutreffenden Antwort in das
Kästchen ein! ☐

1. Anzahl der Mitarbeiter, die länger als fünf Jahre im Betrieb tätig sind
2. Anzahl der Gehaltsempfänger
3. Durchschnittsalter aller Mitarbeiter
4. Lohnsumme je Abteilung
5. Anzahl der Mitarbeiter in der Einkaufsabteilung

Bedenken Sie:

Sie müssen sorgfältig lesen und jedes einzelne Auswertungsergebnis überprüfen.

Logische Einheiten

14

Dem Änderungsdienst der DV-Abteilung liegen die nachfolgenden Informationen vor.

Datensatzfolge alt:

| 509 | 516 | 517 | 518 | 526 | 533 | 534 | 538 | 540 | 541 | 550 | 552 |

Datensatzfolge für Veränderungen:

| 525 | 526 | 528 | 530 | 534 | 538 | 539 | 551 |

Datensatzlöschungen:

| 509 | bis | 518 | und | 552 |

Ermitteln Sie:

a. die Anzahl der Datensätze, die inhaltlich verändert werden _____ ☐
b. die Anzahl der Datensatzlöschungen _____ ☐
c. die Anzahl der Datensätze, die inhaltlich unverändert von der Stammdatei alt in die Stammdatei neu übertragen werden _____ ☐
d. die Anzahl der neu hinzugekommenen Datensätze _____ ☐

Bedenken Sie:

Grundsätzlich erfolgt die Ermittlung der Ergebnisse durch Vergleich und Addition.
Bei a. muß die Nummer in der alten Datensatzfolge identisch sein mit der in der Datensatzfolge für Veränderungen.
Bei b. sind die Löschungen zu addieren.

Bei c. sind alte Nummern, die weder bei den Löschungen noch bei den Änderungen vorkommen, gemeint.
e. umfaßt die Nummern, die bei den Veränderungen vorkommen, ohne in der Datensatzfolge alt vorhanden zu sein.

15

Vervollständigen Sie folgenden Satzteil durch eine der unten aufgeführten Ergänzungen zu einer richtigen Aussage und tragen Sie die Ziffer vor der zutreffenden Ergänzung in das Kästchen ein! ☐

Physikalische Einheiten

Die Bildung von Blöcken

1. erhöht direkt die Arbeitsgeschwindigkeit des Hauptspeichers
2. dient bei der Magnetbandverarbeitung dem Bandvorschub im Start- und Stopmodus
3. ist eine besondere Technik zur Darstellung organisatorischer Zusammenhänge
4. ist erforderlich, um Timesharing durchzuführen

Bedenken Sie:

Nicht logische Überlegungen, sondern physikalisch-technische Erfordernisse sind gefragt.
Da die Suchgeschwindigkeit bei Magnetbändern und Magnetbandkassetten höher sein kann als die eigentliche Lese-/Schreibgeschwindigkeit, muß ein unbeschriebener Raum zum Beschleunigen und Abstoppen eingeplant werden. Das bedeutet natürlich Kapazitätsverlust. Um diesen in Grenzen zu halten, bildet man größere Einheiten (Blöcke), die dann durch Blocklücken oder Klüfte getrennt werden.

16

Was versteht man beim Magnetband unter dem Begriff „Block"?

Tragen Sie die Ziffer vor der zutreffenden Antwort in das Kästchen ein! ☐

Physikalische Einheiten

1. Eine Gruppe logisch zusammengehöriger Daten
2. Bereich, der dem Kanal beim Lochstreifen entspricht
3. Menge aller Bytes mit gleichem Abstand vom Rand
4. Physikalische Einheit von Daten
5. Nicht genutzter Zwischenraum (Kluft)

Bedenken Sie:

Siehe Aufgabe 15.

17

Physikalische Einheiten

Welchen Zweck erfüllt die Blocklücke (Kluft) beim Magnetband?

Tragen Sie die Ziffer vor der zutreffenden Antwort in das Kästchen ein! ☐

1. Aufnahme des Magnetbandschlüssels
2. Zähler für die Anzahl der bis dahin beschriebenen Blöcke
3. Reservespeicher für überlange Sätze
4. Start- und Stopraum des Bandes

Bedenken Sie:

Siehe Aufgabe 15.

18

Logische und physikalische Einheiten

Ordnen Sie die folgenden Begriffe vom kleinsten Element bis zur umfassenden Einheit durch Einsetzen der Ziffern 1 bis 6.

a. Datenfeld ☐
b. Datei ☐
c. Bit ☐
d. Datensatz ☐
e. Datenbank ☐
f. Byte ☐

Bedenken Sie:

Bit steht für die kleinste physikalische Einheit, d. h. für fließenden bzw. nicht fließenden Strom. Grundsätzlich acht Bit ergeben ein Byte, das gleichzeitig die kleinste adressierbare Einheit darstellt. Es kann genau ein Zeichen aufnehmen. Ihm wird i. d. R. ein Prüfbit hinzugefügt.

19

Software

Stellen Sie fest, zu welchem der untenstehenden Programmbereiche die nachfolgenden Komponenten der Softwarestruktur gehören, und tragen Sie die entsprechende Ziffer vor der jeweils zutreffenden Antwort in die Kästchen ein!

Progammbereiche:

1. Steuerprogramme
2. Dienstprogramme
3. Übersetzungsprogramme
4. Anwendungsprogramme

Softwarekomponenten:

a. Compiler _____ ☐
b. Ablaufkontrolle im DV-System _____ ☐
c. Lohnabrechnungsprogramm _____ ☐
d. Input-/Outputkontrolle _____ ☐
e. Testhilfen _____ ☐
f. Sortierprogramm _____ ☐
g. Interpreter _____ ☐
h. Tabellenkalkulationsprogramm_____ ☐

Bedenken Sie:

Beachten Sie die folgende Einteilung:

Anwendersoftware:
- *dient konkreten Problemlösungen, z. B. Textverarbeitung, Finanzbuchhaltung, Fakturierung*

Systemsoftware:
- *macht Hardware erst funktionsfähig und enthält*
  - *Steuerprogramme zur Koordination der Systemkomponenten*
  - *Dienstprogramme zur Erledigung allgemeiner Aufgaben*
  - *Übersetzungsprogramme wie Compiler, Interpreter, Assemblierer*

20

Kennzeichnen Sie die untenstehenden Softwarekomponenten mit einer   **Software**

1, wenn es sich um Steuerprogramme
2, wenn es sich um Dienstprogramme
3, wenn es sich um Übersetzungsprogramme
4, wenn es sich um Anwendungsprogramme

handelt.

Tragen Sie die Ziffer vor der jeweils zutreffenden Programmart in die Kästchen ein!

Softwarekomponenten:

a. BASIC-Compiler _____ ☐
b. Lohn- und Gehaltsabrechnung _____ ☐
c. Fakturierung _____ ☐
d. Assemblierer _____ ☐
e. Sortierprogramm _____ ☐
f. Eingabe-/Ausgabesteuerung _____ ☐
g. Timesharingunterstützung _____ ☐

56 Aufgaben Datenverarbeitung

> *Bedenken Sie:*

Siehe Aufgabe 19.

21

Software Für das lagerwirtschaftliche Informations- und Abrechnungssystem eines Industriebetriebes soll die optimale Software gefunden werden. Zur Wahl stehen

1. die Verwendung eines Standardprogramms und
2. die Erstellung eines individuellen Programms.

Ordnen Sie den folgenden Merkmalen die richtige Variante zu und tragen Sie die jeweils zutreffende Ziffer in die Kästchen ein!

a. Geringere Softwarekosten _____ ☐
b. Kurzfristige Einsatzmöglichkeit _____ ☐
c. Betriebsindividuelle Organisationsabläufe können besonders gut berücksichtigt werden _____ ☐
d. Nutzer können auf die Gestaltung der Ausgabedaten einen wesentlichen Einfluß ausüben _____ ☐

> *Bedenken Sie:*

Software kann auch eingeteilt werden in Standardprogramme, das sind sozusagen Programme von der Stange und Spezialsoftware, das ist die individuelle Variante, also die Maßanfertigung.

22

Programmiersprachen Ordnen Sie die untenstehenden Sachverhalte den folgenden Vorteilen bzw. Nachteilen der Programmiersprachen zu und tragen Sie die Ziffer vor der jeweils zutreffenden Antwort in die Kästchen ein!

Sachverhalte:

1. Hoher zeitlicher Programmieraufwand
2. Leichtere Erlernbarkeit der Programmiersprache
3. Relativ großer Speicherbedarf für das Programm
4. Relativ schnelle Verarbeitungszeit

Vorteile bzw. Nachteile der Programmiersprachen:

a. Vorteil maschinenorientierter Programmiersprachen ___ ☐
b. Nachteil maschinenorientierter Programmiersprachen ___ ☐
c. Vorteil problemorientierter Programmiersprachen _____ ☐
d. Nachteil problemorientierter Programmiersprachen ___ ☐

Aufgaben Datenverarbeitung 57

Bedenken Sie:

*Die Vorteile bzw. Nachteile kommen folgendermaßen zustande:
Vereinfacht dargestellt werden Befehle in problemorientierten Sprachen vor der eigentlichen Übersetzung in Maschinensprache in die Teilschritte zerlegt, die üblicherweise erforderlich sind, um das mit dem Befehl angestrebte Ziel zu erreichen. Einige dieser Teilschritte können aber im konkreten Fall umständlich und überflüssig sein.*

Bei der maschinenorientierten Programmierung ermöglicht die optimale Anpassung an die vorhandenen Hardwarekomponenten eine exakte Angabe der erforderlichen Teilschritte. Das bedeutet umgekehrt aber auch, daß diese Teilschritte vom Programmierer formuliert werden müssen. Der Programmieraufwand ist dadurch höher. Anschließend wird jeder dieser Befehle in genau einen Maschinensprachenbefehl umgewandelt. Das Programm in Maschinensprache ist i. d. R. somit kürzer, d. h. schneller, und sein Speicherplatzbedarf geringer.

23

Zur Programmierung von DV-Anlagen sind problemorientierte Sprachen entwickelt worden. Stellen sie fest, für welchen der folgenden Aufgabenbereiche die unter a. bis d. aufgeführten Programmiersprachen eingesetzt werden, und tragen Sie die Ziffer vor der jeweils zutreffenden Antwort in die Kästchen ein!

Programmiersprachen

Aufgabenbereiche:

1. Mathematisch orientiert
2. Kaufmännisch orientiert
3. Allgemein orientiert

Sprachen:

a. BASIC ─────────────────────────── ☐
b. COBOL ─────────────────────────── ☐
c. FORTRAN ───────────────────────── ☐
d. PASCAL ────────────────────────── ☐

24

Bestimmen Sie durch das Einsetzen der Ziffer 1 bis 4 die richtige Reihenfolge der Arbeitsschritte bei der Entstehung eines Programms.

Phasen der Programmerstellung

Arbeitsschritte:

a. Erstellen einer Folge von Befehlen ☐
b. Durchführen der Ist-Aufnahme der zu programmierenden Aufgabenstellung ☐
c. Erstellen eines Programmablaufplans ☐
d. Prüfen der Befehlsfolge durch Test ☐

Bedenken Sie:

Siehe Aufgabe 27.

25

Phasen der Programmerstellung

Bestimmen Sie die richtige Reihenfolge der Arbeiten zur Erstellung eines Computerprogramms durch Einsetzen der Ziffern 1 bis 5.

Arbeiten:

a. Suchen von Fehlern durch Testen ☐
b. Durchführung einer Ist-Aufnahme des zu programmierenden Arbeitsablaufs ☐
c. Erstellen des Quellenprogramms ☐
d. Aufstellen eines Konzepts zur computergemäßen Lösung des Problems ☐
e. Umsetzung des Quellenprogramms in das Objektprogramm ☐

Bedenken Sie:

Das Programm heißt in der Programmiersprache Quellenprogramm und das in der Maschinensprache Objektprogramm.

26

Phasen der Programmerstellung

Ordnen Sie die folgenden Stufen der Systementwicklung den untenstehenden Angaben zu.

Tragen Sie die Ziffer vor der jeweils zutreffenden Stufe in die Kästchen ein!

Stufen der Systementwicklung:

1. Ist-Aufnahme
2. Ist-Analyse
3. Soll-Konzeption
4. Programmierung

5. Test
6. Installation des neuen Systems

Angaben:

a. Liste der im zu untersuchenden Bereich eingesetzten Mitarbeiter mit deren Aufgaben ▢
b. Beschreibung aller vorgefundenen Arbeitsabläufe ▢
c. Schwachstellenuntersuchung ▢
d. Festlegung der Befehlsfolge ▢
e. Darstellung einer verbesserten Problemlösung ▢
f. Probelauf ▢

Bedenken Sie:

Siehe Aufgabe 27.

27

Stellen Sie fest, ob die untenstehenden Beschreibungen aus der Entwicklung eines Programms zur Phase

1. Problemstellung
2. Problemanalyse
3. Programmentwurf
4. Codierung
5. Programmtest
6. Programmdokumentation

gehören!

Tragen Sie die Ziffer vor der jeweils zutreffenden Antwort in die Kästchen ein!

Phasen der Programmerstellung

Beschreibungen:

a. Probelauf zur Feststellung von logischen Fehlern und Syntaxfehlern ▢
b. Formulierung der Aufgabenstellung ▢
c. Übertragen der Verarbeitungsschritte in eine Programmiersprache ▢
d. Zusammenstellung aller Unterlagen für den Einsatz des Programms ▢
e. Zerlegung des Gesamtproblems in Einzelprobleme ▢
f. Festlegung und graphische Darstellung der Verarbeitungsschritte in logischer Reihenfolge durch Struktogramm oder Programmablaufplan ▢

Aufgaben Datenverarbeitung

> **Bedenken Sie:**
>
> Wie Sie schon an den Aufgaben 24, 25 und 26 erkennen konnten, führen mehrere Wege zum Ziel. Alle folgen jedoch einem gemeinsamen Grundmuster, das sich etwa wie folgt darstellen läßt:

1. Aufgabenstellung
2. Durchführung einer Ist-Aufnahme der zu programmierenden Aufgabe in bezug auf Ablauf- und ggf. Aufbauorganisation
3. Problemanalyse
4. Aufstellen eines Lösungskonzepts in Form eines Programmablaufplans oder Struktogramms, eventuell ergänzt durch einen Datenflußplan
5. Die eigentliche Programmierung, d. h. das Erstellen des Quellenprogramms als Folge von Befehlen in einer Programmiersprache
6. Übersetzung in das Objektprogramm, das ist die Folge von Befehlen in Maschinensprache
7. Suchen von Fehlern durch Testen und deren Verbesserung
8. Programmdokumentation, d. h. Zusammenstellung aller für das Verständnis des Programms wichtigen Unterlagen

28

Phasen der Programmerstellung

Prüfen Sie die folgenden Aussagen auf ihre Richtigkeit und kennzeichnen Sie mit einer

1. richtige Aussagen

und mit einer

2. falsche Aussagen.

a. Vor der Ausführung muß ein Programm in die Maschinensprache übersetzt werden _____ ☐
b. Das Programm in der problemorientierten Programmiersprache wird auch Objektprogramm (Maschinenprogramm) genannt _____ ☐
c. Das Übersetzungsprogramm wird als Quellenprogramm (Ursprungsprogramm) bezeichnet _____ ☐
d. Problemorientierte Programmiersprachen lehnen sich stark an die Maschinensprache an _____ ☐

> **Bedenken Sie:**
>
> Siehe Aufgaben 22, 25 und 27.

29

Hardware

Hauptbestandteile der Zentraleinheit einer DV-Anlage sind

1. Speicherwerk

2. Steuerwerk
3. Rechenwerk

Ergänzen Sie die nachfolgenden Aussagen durch Einsetzen des zutreffenden Begriffs, und tragen Sie die Ziffer vor der jeweils richtigen Antwort in die Kästchen ein!

Aussagen:

a. Die eigentliche Verarbeitung der Daten findet im .... statt _____ ☐

b. Die Regie bei der Datenverarbeitung wird im .... geführt _____ ☐

c. Die Daten werden intern im .... abgelegt __ ☐

Bedenken Sie:

Kurz und knapp: Diese Hauptbestandteile haben folgende Funktionen:
- *Im Speicherwerk werden Daten und Befehle unter Adressen abgelegt.*
- *Das Steuerwerk wandelt die Befehle in Steuerimpulse um und koordiniert das Zusammenspiel der Systemkomponenten.*
- *Im Rechenwerk findet die eigentliche Verarbeitung der Daten statt, d. h., die arithmetischen und logischen Operationen auf der Grundlage von Stromimpulsen.*

Sie können auch abweichende Bezeichnungen vorfinden:
Zum Beispiel interner Speicher statt Speicherwerk oder Leitwerk statt Steuerwerk.
Denkt man an die Speicherchips, sind ROM und RAM häufig verwendete Begriffe, und der Chip, der Steuer- und Rechenoperationen in einer technischen Einheit ausführt, wird Prozessor bzw. Mikroprozessor genannt.

30

Kennzeichnen Sie untenstehende Begriffe mit einer   **Hardware**

1, wenn sie zur Zentraleinheit gehören
2, wenn sie ein Peripheriegerät benennen
3, wenn sie zu keiner dieser Komponenten zählen!

Begriffe:

a. Standardsoftware _____ ☐
b. Monitor _____ ☐
c. Nadelmatrixdrucker _____ ☐
d. Prozessor _____ ☐

e. Tastatur _____ ☐
f. Festplatte _____ ☐

Bedenken Sie:

Beachten Sie die Ausführungen zu Aufgabe 29, die die Zentraleinheit betreffen, und die nachfolgenden Ausführungen, die die Peripherie betreffen:
Dazu zählen:
- *Eingabegeräte, wie z. B. Tastatur (Keyboard), Lichtgriffel, Joystick, Maus, Magnetschriftleser, Scanner, Klarschrift- und Markierungsbelegleser.*
- *Ausgabegeräte, wie z. B. Nadelmatrixdrucker, Tintenstrahldrucker, Thermodrucker, Plotter, Datensichtgeräte (Bildschirm bzw. Monitor).*
- *Externe Speicher mit Schreib-/Lesestationen, wie z. B. Festplatte, Diskette mit Laufwerk, Magnetband- bzw. Magnetbandkassettenstationen.*
- *Dialoggeräte, die Ein- und Ausgabefunktionen vereinigen.*

31

Hardware Ordnen Sie die folgenden Beschreibungen den untenstehenden Begriffen zu, und tragen Sie die Ziffer bei der jeweils zutreffenden Antwort in die Kästchen ein!

Beschreibungen:

1. Ausschließlich Eingabegerät
2. Eingabe- und Ausgabegerät
3. Ausschließlich Ausgabegerät
4. Weder Eingabe- noch Ausgabegerät

Begriffe:

a. Plotter _____ ☐
b. Diskettenlaufwerk _____ ☐
c. Scanner _____ ☐
d. Interface _____ ☐

Bedenken Sie:

Siehe Aufgabe 30.
Beim Interface handelt es sich lediglich um eine Schnittstelle, die geeignet ist, Hardwarekomponenten untereinander kompatibel (d. h. systemverträglich) zu machen.

32

Prüfen Sie bei nachstehenden Geräten, ob es sich um On-line- **Hardware**
Peripheriegeräte mit

1. Nur Eingabe- oder Ausgabefunktion
2. Eingabe- und Ausgabefunktion
3. Eingabe-, Ausgabe- und Speicherfunktion

oder

4. nicht um ein Peripheriegerät

handelt.

Tragen Sie die Ziffer vor der jeweils zutreffenden Antwort in die Kästchen ein!

a. Festplatte mit Laufwerk ☐
b. Tintenstrahldrucker ☐
c. Bildschirm mit Tastatur ☐
d. Klarschriftleser ☐

Bedenken Sie:

Siehe Aufgabe 30.
On-line bedeutet, daß zwischen dem Peripheriegerät und der Zentraleinheit eine Verbindung besteht (Off-line: es besteht keine Verbindung; siehe dazu auch Aufgabe 69).

33

Stellen Sie aus den untenstehenden Geräten bzw. Einrichtungen **Hardware**
ein funktionsfähiges Hardwaresystem zusammen, mit dem Datenfernverarbeitung im Dialog betrieben werden kann!

Kennzeichnen Sie mit einer

1. die erforderlichen Geräte bzw. Einrichtungen
2. die nicht einsetzbaren Geräte bzw. Einrichtungen!

a. Bildschirmterminal ☐
b. Zentraleinheit ☐
c. Magnetbandstation ☐
d. Magnetplattenstation ☐
e. Klarschriftbelegleser ☐
f. Modem/Leitungen/Kanäle ☐

Bedenken Sie:

Dialoggeräte müssen Ein- und Ausgabebestandteile enthalten. Dialogbetrieb braucht schnelle Zugriffsmöglichkeiten, d.h. einen Datenträger mit direktem Zugriff.

Zur Datenfernübertragung mit Hilfe von Telefonleitungen werden Modems benötigt, die die digitalen Signale in akustische umwandeln – und umgekehrt.
Leitungen und Kanäle dienen dazu, grundsätzliche Probleme der Datenübertragung zu lösen.

34

Hardware Was ist eine Bildschirmmaske?

Tragen Sie die Ziffer vor der zutreffenden Antwort in das Kästchen ein! _____ ☐

1. Ein am Bildschirm sichtbarer Inhalt eines Datensatzes
2. Eine formularähnliche Einteilung des Bildschirms mit freien Feldern für die Aufnahme von Daten
3. Der Ausdruck eines Bildschirminhaltes
4. Eine Schreibmarke

Bedenken Sie:

So etwas muß man als Definition lernen!
Übrigens: Die Schreibmarke ist ein Cursor, d. h. eine blinkende Positionsmarke, die anzeigt, in welche Stelle des Bildschirms gerade geschrieben werden kann.

35

Hardware Ordnen sie die untenstehenden Bestandteile eines DV-Systems nachfolgenden Vorgängen zu und tragen Sie die Ziffer vor der jeweils zutreffenden Antwort in die Kästchen ein!

Bestandteile:

1. Zentraleinheit
2. Eingabegerät
3. Magnetplattenstation
4. Ausgabegerät

Vorgänge:

a. Division der Lohnsumme durch die Anzahl der Mitarbeiter _____ ☐
b. Druck der Lohnabrechnungen _____ ☐
c. Verzweigen in ein Unterprogramm _____ ☐
d. Anzeigen eines Mitarbeiterstammsatzes _____ ☐
e. Erfassen von Änderungsdaten über Tastatur_____ ☐

f. Speichern der Personalstammdatei _____ ☐
g. Übernahme von Arbeitszeiten aus Markierungs-
belegen _____ ☐

Bedenken Sie:

Siehe Aufgabe 30.

36

Bei einer Kapazitäts- und Leistungsmessung verschiedener Bestandteile eines DV-Systems spielen z. B. folgende Maßeinheiten eine Rolle: **Hardware**

1. Megabyte
2. Bit per inch (BPI)
3. Baud-Rate

Versehen Sie die aufgezählten Beispiele mit der jeweils zutreffenden Ziffer und setzen Sie eine 4 ein, wenn keine der Maßeinheiten unter den Ziffern 1 bis 3 paßt.

a. Übertragungsrate einer Magnetplattenstation _____ ☐
b. Kapazität des Hauptspeichers _____ ☐
c. Arbeitsgeschwindigkeit des Prozessors _____ ☐
d. Platzbedarf eines Programms auf Festplatte _____ ☐
e. Zeichendichte auf Magnetbändern _____ ☐

Bedenken Sie:

Die Bemessung der Kapazität hat etwas damit zu tun, wie viele Bit bzw. Byte man auf einer bestimmten „Fläche" bzw. „Strecke" unterbringen kann.
Die Arbeitsgeschwindigkeit wird durch die benötigte Zeit gemessen (z. B. in sec).

37

Stellen Sie fest, ob die untenstehend aufgeführten Sachverhalte **Hardware**

1. nur die Magnetbandeinheit
2. nur die Magnetplatteneinheit
3. sowohl die Magnetbandeinheit als auch die Magnetplatteneinheit
4. weder die Magnetbandeinheit noch die Magnetplatteneinheit

beschreiben.

66 Aufgaben Datenverarbeitung

Tragen Sie die jeweils zutreffende Ziffer in die Kästchen ein!

Sachverhalte:

a. Notwendigkeit des sequentiellen Zugriffs _____ ☐
b. Technische Einrichtung enthält einen Zugriffsarm _____ ☐
c. Technische Einrichtung mit Schreib-/Lesekopf_____ ☐
d. Bestandteil der Zentraleinheit _____ ☐
e. Möglichkeit der optischen Lesbarkeit _____ ☐
f. Möglichkeit des direkten Zugriffs _____ ☐

Bedenken Sie:

Folgendes ist wichtig:
- *Beides sind externe Speicher (also keine Bestandteile der Zentraleinheit), und zwar Magnetschichtspeicher, die die Ein- und Ausgabe sowie grundsätzlich eine hohe Speicherdichte ermöglichen.*
- *Magnetschichtspeicher werden durch „punktweises" Magnetisieren der Oberfläche bzw. Abtasten dieser Magnetisierung beschrieben bzw. gelesen.*
- *Bei Platten geschieht dies direkt durch den Zugriffsarm, der jede beliebige Stelle auf den Datenträgern ansteuert.*
  Diese Zugriffsart gilt selbstverständlich auch für Disketten und Festplatten. Im Vordergrund bei der Entscheidung für derartige Datenträger steht die hohe Zugriffsgeschwindigkeit und damit Übertragungsrate.
- *Um auf Magnetbändern und Magnetbandkassetten die gewünschte Stelle zu erreichen, muß gespult werden. Das ist Ursache für den sequentiellen Zugriff. Diese Datenträger haben eine besonders hohe Speicherkapazität, gemessen an ihrem Platzbedarf.*

Beachten Sie bitte auch, daß zur externen Speicherung die Datenträger und die entsprechenden Schreib-/Lesestationen erforderlich sind.

Hardware Datenträger

38

Ein Industriebetrieb will alle Informationen über sein Materiallager durch Computer verwalten lassen. Jede Bestandsveränderung soll sofort vermerkt werden, ebenso soll jederzeit der Lagerbestand jeder Position über Bildschirmterminal sofort abgefragt werden können.

a. Auf welchem der folgenden Datenträger sind die Lagerinformationen zu speichern?

Tragen Sie die Ziffer vor der jeweils zutreffenden Antwort
in das Kästchen ein! ☐

1. Auf Magnetband
2. Auf Magnetplatte
3. Auf Diskette

b. Welches besondere Leistungsmerkmal muß der zu verwendende Datenträger erfüllen?

Tragen Sie die Ziffer vor der zutreffenden Antwort in das
Kästchen ein! ☐

1. Manuelle Sortierbarkeit
2. Verarbeitung im direkten Zugriff
3. Erhalt der Informationen bei Stromausfall

Bedenken Sie:

„Sofort" erfordert immer den direkten Zugriff. Aus der gegebenen Auswahl von Datenträgern erfüllen zwar die Magnetplatte und die Diskette diese Voraussetzung, da man aber von großen Datenmengen ausgehen kann, muß man sich für die Platte entscheiden.

㊴

Vervollständigen Sie nachstehenden Satzteil durch die
richtige Ergänzung und tragen Sie die Ziffer vor der
zutreffenden Antwort in das Kästchen ein! ☐

Hardware
Datenträger

Hauptgrund für die Bevorzugung der Magnetplatte als externer Speicher ist

1. die Tatsache, daß die Informationen beim Abschalten des Stroms erhalten bleiben
2. der sequentielle Zugriff
3. die Speicherdichte
4. der direkte Zugriff
5. die Überschreibbarkeit

Bedenken Sie:

Siehe Aufgabe 38.

㊵

Kennzeichnen Sie die folgenden Datenträger hinsichtlich der Zugriffsmöglichkeiten auf die gespeicherten Daten und tragen Sie die Ziffer vor der jeweils zutreffenden Antwort in die Kästchen ein!

Hardware.
Datenträger

Zugriffsmöglichkeiten:

1. Nur sequentiell
2. Direkt oder sequentiell

Datenträger:

a. Magnetbandkassette _____ ☐
b. Diskette _____ ☐
c. Festplatte _____ ☐
d. Magnetband _____ ☐

Bedenken Sie:

Siehe Aufgabe 37.

41

Hardware Datenträger

Magnetbänder und Magnetplatten sind wichtige Datenträger. Wesentliche Unterschiede sind trotz gemeinsamer Merkmale festzustellen. Vermerken Sie eine

1, wenn sie auf das Magnetband
2, wenn sie auf die Magnetplatte
3, wenn sie auf beide Datenträger
4, wenn sie auf keinen der beiden Datenträger

zutreffen!

Merkmale:

a. Direkter Zugriff _____ ☐
b. Zerstörungsfreie Datenspeicherung _____ ☐
c. Nur sequentieller Zugriff _____ ☐
d. Hohe Speicherdichte _____ ☐

Bedenken Sie:

Siehe Aufgabe 37.

42

Hardware Datenträger

Ermitteln Sie unter Verwendung der folgenden Graphik

a. die Anzahl der Sektoren je Spur _____
b. die Anzahl der Spuren beider Diskettenseiten _____
c. die Kapazität beider Diskettenseiten zusammen in Kilobyte! _____

Graphik:

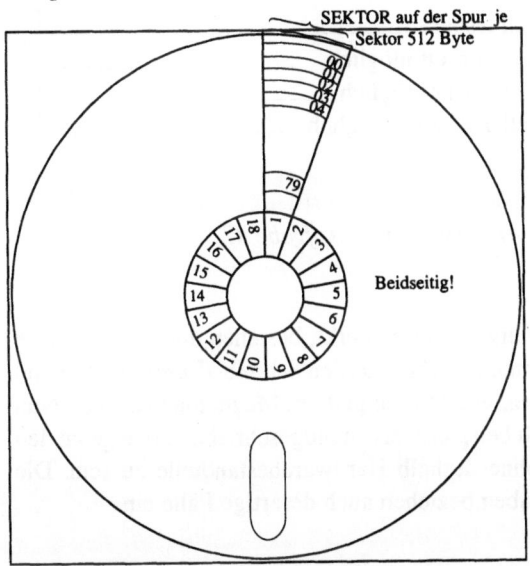

Bedenken Sie:

a. und b. sind direkt aus der Zeichnung abzulesen, und für c. müssen Sie wissen, daß 1 KB 1024 Byte hat.

43

Stellen Sie fest, auf welche der untenstehenden Datenträger folgende Kriterien zutreffen.

Hardware
Datenträger

Tragen Sie ein eine

1 bei Kriterien, die nur auf Datenträger A zutreffen
2 bei Kriterien, die nur auf Datenträger B zutreffen
3 bei Kriterien, die nur auf Datenträger C zutreffen
4 bei Kriterien, die nur auf Datenträger D zutreffen
5 bei Kriterien, die auf Datenträger A und C zutreffen
6 bei Kriterien, die auf Datenträger B und D zutreffen
7 bei Kriterien, die auf Datenträger A, B, C und D

zutreffen!

Datenträger:

A = Magnetband
B = Magnetplatten
C = Magnetbandkassette
D = Diskette

Kriterien:

a. Nur maschinell lesbar ———————————————— ☐
b. Wiederverwendbarkeit möglich ———————————— ☐
c. Direkter Zugriff nicht möglich ——————————— ☐
d. Nur sequentieller Zugriff möglich ————————— ☐

Bedenken Sie:

Beachten Sie die Anmerkungen zu Aufgabe 37.

Wie schon zu Aufgabe 37 bemerkt, bestehen die zur Hardware zählenden externen Speicher aus den Schreib-/Lesestationen und den Datenträgern, wie Magnetplatten, Magnetbändern etc. Nun zählen aber auch beispielsweise handgeschriebene Belege zu den Datenträgern, ohne deshalb Hardwarebestandteile zu sein. Die folgenden Aufgaben beziehen auch derartige Fälle ein.

44

Hardware Datenträger

Kennzeichnen Sie untenstehende Angaben mit einer

1, wenn es sich um maschinenlesbare Datenträger handelt, die auch von Menschen gelesen werden können

und einer

2, wenn es sich um Datenträger handelt, die nur maschinell gelesen werden können.

a. Magnetplattenstapel ——————————————— ☐
b. Klarschriftbeleg ————————————————— ☐
c. Diskette ————————————————————— ☐
d. Magnetbandkassette ———————————————— ☐
e. Markierungsbeleg ————————————————— ☐

Bedenken Sie:

Die genannten externen Speicher sind selbstverständlich nur maschinenlesbar, die anderen Datenträger können auch von Menschen gelesen werden.

45

Hardware Datenträger

Ordnen Sie die Datenträger den untenstehenden Verwendungssituationen zu und tragen Sie die Ziffer vor der jeweils zutreffenden Antwort in die Kästchen ein!

Datenträger:

1. Klarschriftbeleg
2. Magnetplatte, Diskette
3. Magnetband, Magnetbandkassette

Verwendungssituationen:

a. Speicherung von ausgewerteten Inventurbeständen ____ ☐
b. Aktuelle Lagerbestandsführung _____ ☐
c. Bestellformular _____ ☐

Bedenken Sie:

Bei a. geht es um das Archivieren, und die Kapazitätsfrage steht im Vordergrund.
Bei b. geht es um Aktualität, und der schnelle Zugriff ist von besonderer Bedeutung.
c. verlangt ein Ausfüllen an Ort und Stelle, und der Datenträger muß ohne Hilfsmittel lesbar sein.

46

Ordnen Sie die Aussagen den untenstehenden Datenträgern zu: **Hardware Datenträger**

Aussagen:

1. ... eignen sich besonders zur aktuellen Verarbeitung unsortierter Daten
2. ... können sowohl vom Menschen als auch von der Anlage gelesen werden
3. ... eignen sich besonders zur Stapelverarbeitung sortierter Datenbestände

Datenträger:

a. Magnetschriftbelege _____ ☐
b. Magnetbänder _____ ☐
c. Magnetplatten _____ ☐

Bedenken Sie:

Beachten Sie die Ausführungen zu Aufgabe 44 und 45 und daß das sequentielle Verfahren zwar grundsätzlich den Nachteil des „langsameren" Zugriffs hat, dieser Nachteil aber bei der Verarbeitung sortierter Datenbestände nicht ins Gewicht fällt.

72 Aufgaben Datenverarbeitung

47

Hardware
Datenträger

a. Auf welcher Bestellseite der unten abgebildeten Fuhrenbestellliste ist die Liefermenge „80" eingetragen?

Tragen Sie die Ziffer der zutreffenden Bestellseite in das Kästchen ein! ☐

b. Um welchen optisch lesbaren Datenträger handelt es sich bei der Fuhrenbestelliste?

1. Magnetschriftbeleg
2. Klarschriftbeleg
3. Markierungsbeleg

Tragen Sie die Ziffer vor dem zutreffenden Datenträger in das Kästchen ein! ☐

FUHREN-BESTELLISTE

Bitte nicht knicken!
Je Artikel können bis zu 4 Bestellmengen markiert werden. Nur mit Bleistift markieren! **02**

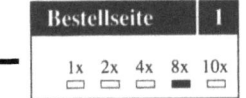 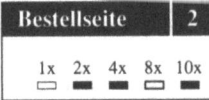 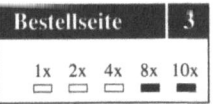 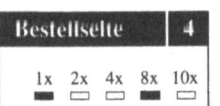

Großmengenbestellung hervorgehobenes Rasterfeld zusätzlich markieren. Es wird dann das 10-fache der angestrichenen Menge geliefert.

Bedenken Sie:

Auf den einzelnen Bestellseiten sind folgende Liefermengen markiert.

Seite 1: 8 Stück
Seite 2: 2 · 10 + 4 · 10 = 60 Stück
Seite 3: 8 · 10 = 80 Stück
Seite 4: 1 Stück + 8 Stück = 9 Stück

48

Hardware/Software

Stellen Sie fest, welche der unten beschriebenen Bestandteile eines Laptops den nachfolgenden Bezeichnungen entsprechen, und tragen Sie die Ziffer in die Kästchen ein!

Aufgaben Datenverarbeitung **73**

Beschreibung:

```
┌─────────────────────────────────────────────────────────────────┐
│                    Visitenkarte des 3100 SX                     │
│  Prozessor Intel 80486 SX mit 33 MHz      Grafik-Adapter: VGA-kompatibel │
│  Taktfrequenz umschaltbar auf 6 MHz                             │
│  [1]  _____: 4 MByte Standard, maximal    _____: Farb-LCD      [4] │
│       16 MByte auf Hauptplatine                 640 x 480 Bildpunkte Auflösung/16 Farben │
│                                                                 │
│  [2]  _____: 80 MByte, 15msec mittlere    Schnittstellen: 2 x seriell, 1 x RGB f. evtl. │
│       Zugriffszeit                              Monitor,       │
│                                                 1 x parallel für Druckeranschluß │
│                                                 1 x parallel für Diskettenlaufwerk │
│                                                                 │
│  [3]  _____: 3 1/2 Zoll,                  _____: MS-DOS 5.0     [5] │
│       1,44 MByte Kapazität                                      │
│                                                 Preis: ca. 4000,- DM │
│                                                 (Preis laut Hersteller inkl. MwSt.) │
│                                                                 │
│  ─────────────────────── Test-Ergebnis ─────────────────────── │
│  Verarbeitung: sehr gut / Grundausstattung: sehr gut / Erweiterbarkeit: gut / │
│  Handbücher: sehr gut / Ergonomie: sehr gut / Preis-/Leistungsverhältnis: gut / │
│  Prädikat: sehr gut                                             │
│  ──────────────────── Unser Gesamteindruck ─────────────────── │
│  + ausgezeichnete Bedienungsfreundlichkeit + gutes Display + hoher Speicherausbau + │
│  gute Erweiterungsmöglichkeiten – externes Laufwerk + Drucker an derselben Schnittstelle │
└─────────────────────────────────────────────────────────────────┘
```

Bezeichnungen:

a. Monitor _____ ☐
b. Festplatte _____ ☐
c. Diskettenlaufwerk _____ ☐
d. Hauptspeicher _____ ☐
e. Betriebssystem _____ ☐

Bedenken Sie:

Beachten Sie die Ausführungen zu den Stichworten Hardware und Software und daß die Erkennung anhand folgender „Indizien" erfolgen kann:
— *Monitor: Bildpunkte*
— *Festplatte: Zugriffszeit*
— *Diskettenlaufwerk: Größe in Zoll*
— *Hauptspeicher: Hauptplatine*
— *Betriebssystem: MS-DOS.*
Übrigens ist ein Laptop so eine Art tragbarer Personalcomputer (PC).

Das untenstehende Schaubild stellt die Datenverarbeitungsanlage als ein System von Geräten und Programmen zur Verarbeitung digitalisierter Informationen dar. Stellen Sie fest, an welcher Stelle

Hardware/Software

74 Aufgaben Datenverarbeitung

die nachfolgenden Begriffe einzuordnen sind, und tragen Sie die Ziffer in die Kästchen ein!

Schaubild:

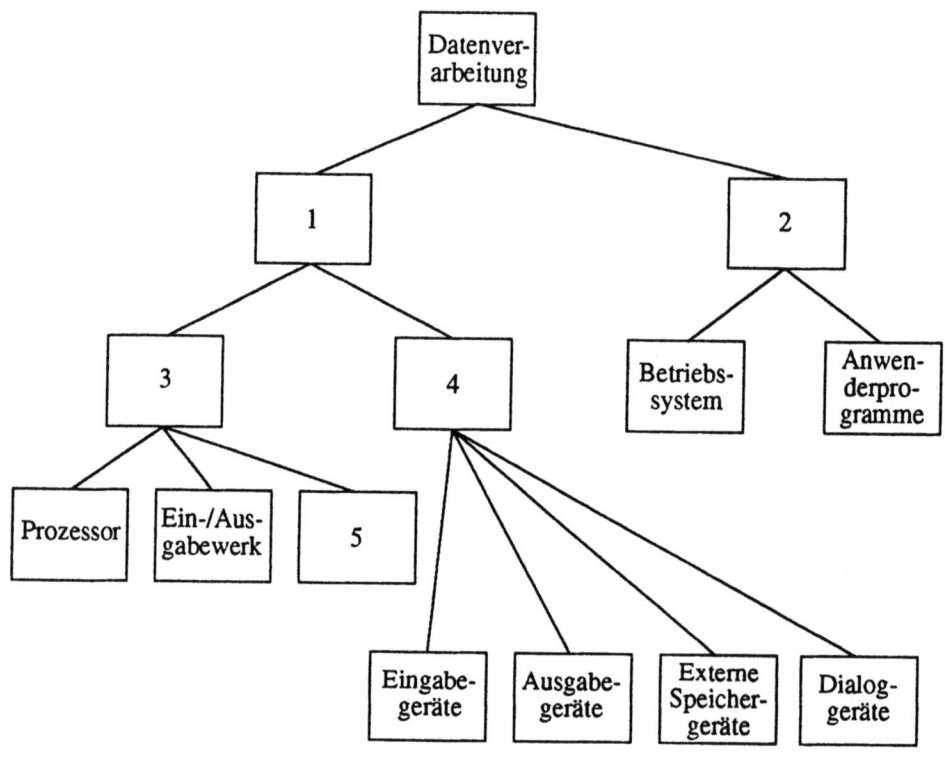

Begriffe:

a. Peripherie _____ ☐
b. Software _____ ☐
c. Zentraleinheit _____ ☐
d. Hauptspeicher _____ ☐
e. Hardware _____ ☐

Bedenken Sie:

Beachten Sie die Ausführungen zu den Stichworten Hardware und Software.

Hardware/Software

🗐⓪ Stellen Sie bei den folgenden Beispielen fest, ob es sich um

1. Systemprogramme

2. Anwenderprogramme
3. Hardware

handelt!

Tragen Sie die Ziffer vor der jeweils zutreffenden Antwort in die Kästchen ein!

Beispiele:

a. Textverarbeitung ———————————————— ☐
b. Steuerung von Ein-/Ausgabeoperationen ————— ☐
c. Verwaltung von Speicherplätzen ———————— ☐
d. Interpreter ————————————————————— ☐
e. Prozessor ——————————————————————— ☐

Bedenken Sie:

Beachten Sie die Ausführungen zu den Stichworten Hardware und Software.
Haben Sie bemerkt, daß b. zu den Steuer-, c. zu den Dienst-, d. zu den Übersetzungsprogrammen zählt?

51

Zu einem funktionsfähigen System gehören folgende Grundbestandteile: **Hardware/Software**

1. Zentraleinheit
2. Peripheriegeräte
3. Datenträger
4. Systemsoftware
5. Anwendersoftware

Ordnen Sie diese Grundbestandteile den nachstehenden Begriffen zu und tragen Sie die Ziffer vor der jeweils zutreffenden Antwort in die Kästchen ein!

Begriffe:

a. Rechenwerk ———————————————————— ☐
b. betriebsindividuelles Gehaltsprogramm ————— ☐
c. Plotter ———————————————————————— ☐
d. Standard-Sortierprogramm ——————————— ☐
e. Magnetband ———————————————————— ☐

Bedenken Sie:

Beachten Sie die Ausführungen zu den Stichworten Hardware und Software.

Aufgaben Datenverarbeitung

Hardware/Software/Orgware

52

Ein Datenverarbeitungssystem basiert auf dem Zusammenwirken von Orgware, Hardware und Software. Kennzeichnen Sie die unten genannten Beispiele mit einer

1, wenn sie der Orgware
2, wenn sie der Hardware
3, wenn sie der Software

zuzuordnen sind!

Beispiele:

a. Betriebssystem _____ ☐
b. Verbindungskabel _____ ☐
c. Datenflußplan _____ ☐
d. Compiler _____ ☐

Bedenken Sie:

Beachten Sie die Ausführungen zu den Stichworten Hardware und Software und daß es sich bei der Orgware praktisch um die Organisationsleistung handelt.

Hardware/Software/Orgware

53

Welche der folgenden Begriffe stehen

1. für eine programmierte
2. für eine hardwaremäßige
3. für eine allgemein-organisatorische
4. nicht für eine

Regelung der Zugriffsberechtigung für Daten und Programme?

Tragen Sie die Ziffer vor der jeweils zutreffenden Antwort in die Kästchen ein!

Begriffe:

a. Paßwort _____ ☐
b. Plausibilitätskontrolle _____ ☐
c. Prüfbit _____ ☐
d. abschließbare Tastatur _____ ☐
e. Closed-Shop-Betrieb _____ ☐

Bedenken Sie:

Beachten Sie vor allem die Ausführungen zu Aufgabe 52, aber auch die Ausführungen zu den Stichworten Datenschutz/Datensicherung.

54

Welche der folgenden Aussagen kennzeichnen den Begriff „Timesharing"? Kennzeichnen Sie

Betriebs- bzw. Verarbeitungsarten

richtige Aussagen mit einer 1,
falsche Aussagen mit einer 2.

a. Ein Benutzer – mehrere Programme ☐
b. Ein Teilnehmer – mehrere DV-Systeme ☐
c. Viele Programme – mehrere Benutzer ☐
d. Mehrere Teilnehmer – ein DV-System ☐

Bedenken Sie:

Unter Timesharing versteht man eine Technik der Mehrprogrammverarbeitung (bzw. des Multiprogrammings).
Mit seiner Hilfe können mehrere Anwender ein DV-System in der Weise nutzen, daß ihnen für ihre jeweils laufenden Programme Rechnerzeit zugeteilt wird.
Diese „Zeitscheiben" können aus der Sicht des einzelnen Anwenders so kurz aufeinanderfolgen, daß er den Eindruck hat, der Rechner stünde ihm allein zur Verfügung.

55

Ordnen Sie folgende Betriebsarten den untenstehenden Aussagen zu:

Betriebs- bzw. Verarbeitungsarten

Betriebsarten:

1. Echtzeitverarbeitung
2. Zeitanteilsverfahren
3. Stapelverarbeitung

Aussagen:

a. Daten werden nach zeitlichen oder sachlichen Kriterien sortiert und dann in einem Schub verarbeitet ☐
b. Eine große Anzahl von Benutzern kann unabhängig voneinander und quasi gleichzeitig mit einer Anlage arbeiten ☐
c. Es erfolgt die sofortige Verarbeitung der Eingabedaten ☐

Bedenken Sie:

Diese Aussagen können auch als eine Art Definition benutzt werden, und zwar für
– Echtzeitverarbeitung: Real time processing

- *Zeitanteilsverfahren:* Timesharing (siehe auch Aufgabe 54)
- *Stapelverarbeitung:* Batch processing.

56
Zahlensysteme/ Codierung

Welche der untenstehenden Binärcodierungen enthält die richtige Verschlüsselung für „Bit" entsprechend der Zeichendarstellung im EBCDI-Code?

Tragen Sie die Ziffer vor der zutreffenden Codierung in das Kästchen ein! _____ ☐

Zeichendarstellung im EBCDI-Code:

linkes Halbbyte \ rechtes Halbbyte	0	1	2	3	4	5	6	7	8	9	A	B	C	D	E	F
Bits	0000	0001	0010	0011	0100	0101	0110	0111	1000	1001	1010	1011	1100	1101	1110	1111
0000																
0001																
0010																
0011																
0100	blank												(		+	
0101	&								!	$	*	)				
0110	-	/							,	%						?
0111															=	
1000		a	b	c	d	e	f	g	h	i						
1001		j	k	l	m	n	o	p	q	r						
1010			s	t	u	v	w	x	y	z						
1011																
1100		A	B	C	D	E	F	G	H	I						
1101		J	K	L	M	N	O	P	Q	R						
1110			S	T	U	V	W	X	Y	Z						
1111	0	1	2	3	4	5	6	7	8	9						

Binärcodierungen:

1. 1100 0010 1000 1001 1001 0110
2. 1100 0010 1000 1001 1010 0011
3. 1100 0010 1010 0100 1010 0010

Bedenken Sie:

Beachten Sie die Hervorhebungen in folgender Tabelle.

									rechtes Halbbyte							
		0	1	2	3	4	5	6	7	8	9	A	B	C	D	E	F
	Bits	0000	0001	**0010**	**0011**	0100	0101	0110	0111	1000	**1001**	1010	1011	1100	1101	1110	1111
linkes Halbbyte	0000																
	0001																
	0010																
	0011																
	0100	blank													(	+	
	0101	&								!	$	*	)				
	0110	-	/							,	%					?	
	0111															=	
	1000	a	b	c	d	e	f	g	h	(i)							
	1001	j	k	l	m	n	o	p	q	r							
	1010		s	(t)	u	v	w	x	y	z							
	1011																
	1100	A	(B)	C	D	E	F	G	H	I							
	1101		J	K	L	M	N	O	P	Q	R						
	1110			S	T	U	V	W	X	Y	Z						
	1111	0	1	2	3	4	5	6	7	8	9						

Wissen Sie auch noch, daß man den Speicherplatzbedarf für die so codierten Dezimalzahlen durch Packen reduzieren kann?

57

Zahlensysteme/Codierung

Kennzeichnen Sie die nachfolgenden Aussagen mit einer

1, wenn sie nur auf das Dualsystem,
2, wenn sie nur auf das Dezimalsystem,
3, wenn sie auf beide Zahlensysteme,
4, wenn sie auf keines dieser Zahlensysteme

zutreffen!

Aussagen:

a. Das Zahlensystem hat mehr als zwei Ziffern _____ ☐
b. Jede beliebige Zahl ist darstellbar _____ ☐
c. Es ist lediglich möglich zu subtrahieren oder zu addieren _____ ☐
d. Das Addieren, Subtrahieren, Multiplizieren und Dividieren ist möglich _____ ☐
e. Das Zahlensystem kennt keine Ziffern > 1 _____ ☐

Bedenken Sie:

Das Dezimalsystem arbeitet mit zehn Ziffern (0—9!), das Dualsystem mit zwei Ziffern (0 und 1!), und der Rechner stellt selbstverständlich alle Zahlen dar und kann alle Rechenarten durchführen.

58

Datenschutz/Datensicherung

Kennzeichnen Sie nachfolgende Aussagen mit einer

1, wenn eine Vorschrift des Datenschutzgesetzes betroffen ist
2, wenn es sich um eine innerbetriebliche Maßnahme der Datensicherung handelt
3, wenn weder eine Vorschrift des Datenschutzgesetzes noch die Datensicherung betroffen ist!

Aussagen:

a. Daten werden regelmäßig aus dem Arbeitsspeicher auf Festplatte übertragen _____ ☐
b. Fälschlich gespeicherte Daten über die Kreditwürdigkeit eines Kunden werden auf dessen Einspruch hin gelöscht _____ ☐
c. An den PC im Verkaufsraum wird ein Scanner angeschlossen _____ ☐
d. Das Rechenzentrum wird mit einem Notstromaggregat versehen _____ ☐
e. Einem Mitarbeiter werden die über seine Person gespeicherten Daten mitgeteilt _____ ☐

> *Bedenken Sie:*
>
> *Beim gesetzlichen Datenschutz geht es grundsätzlich um den Schutz personenbezogener Daten, während Datensicherung Verlust oder Verfälschung von Daten verhindern oder wenigstens anzeigen soll.*

59

Kennzeichnen Sie die nachfolgenden Angaben mit einer

1, wenn sie dem Datenschutz,
2, wenn sie der Datensicherung

zuzuordnen sind!

Datenschutz/ Datensicherung

Angaben:

a. Schreibschutzfolie bzw. Schreibring ──────── ☐
b. Zugangs- und Zugriffskontrolle ──────── ☐
c. Großvater-Vater-Sohn-Prinzip ──────── ☐
d. Closed-Shop-Betrieb ──────── ☐

> *Bedenken Sie:*
>
> *Bei a. handelt es sich um Hardwaremaßnahmen, die das unbeabsichtigte Überschreiben bzw. Löschen von Informationen verhindern sollen.*
> *c. ist ebenfalls eine Hardwaremaßnahme der Datensicherung, nach der zwei Generationen von Magnetbändern aufbewahrt werden müssen, um zur Not aus Großvater- und Vaterband das Sohnband „rekonstruieren" zu können.*
> *b. und d. zählen zu den Kontrollmöglichkeiten, die das Datenschutzgesetz vorschreibt. (Closed Shop bedeutet, daß nur den Operateuren ungehinderter Zugang zum Rechenzentrum erlaubt ist.)*

60

Man muß grundsätzlich zwischen gesetzlich vorgeschriebenem Datenschutz und organisatorisch notwendiger Datensicherung unterscheiden. Welcher der beschriebenen Vorgänge ist dem Datenschutz zuzuordnen?

Datenschutz/ Datensicherung

Tragen Sie die Ziffer vor dem zutreffenden Vorgang
in das Kästchen ein! ──────── ☐

1. Kopieren aller im Laufe eines Arbeitstages bewegten Datenbestände

2. Absicherung personenbezogener Daten gegen Mißbrauch durch Dritte
3. Regelmäßige Wartung der Drucker

Bedenken Sie:

Siehe Aufgabe 58.

61

Datenschutz/ Datensicherung

Die Datensicherung erfordert Maßnahmen zur Verhinderung von Verlust und Verfälschung. Dabei lassen sich

1. organisatorische Maßnahmen
2. Hardwaremaßnahmen
3. Softwaremaßnahmen

unterscheiden.

Stellen Sie fest, welcher dieser Kategorien die unten aufgeführten Sachverhalte jeweils zuzuordnen sind, und tragen Sie die Ziffer vor der zutreffenden Maßnahme in die Kästchen ein!

Sachverhalte:

a. Das Betreten des Rechenzentrums ist nur einem begrenzten Personenkreis gestattet _____ ☐
b. Die Personalnummer eines Belegschaftsmitgliedes wird mittels Prüfziffernverfahren als richtig erkannt _____ ☐
c. Das Vorhandensein der Schreibschutzfolie schützt die Diskette vor irrtümlichem Überschreiben _____ ☐
d. Der 30.02. wird als nicht mögliches Eingabedatum abgewiesen _____ ☐

Bedenken Sie:

Beachten sie die Anmerkungen zu den Stichworten Hardware/ Software/Orgware.
Übrigens handelt es sich bei d. um die Beschreibung der Plausibilitätskontrolle, die Eingabedaten oder auch Ergebnisdaten in unrealistischen Größenordnungen anzeigt.

62

Datenschutz/ Datensicherung

Zur Datensicherung werden im Softwarebereich u. a. die folgenden Verfahren eingesetzt:

1. Prüfziffernverfahren
2. Plausibilitätskontrolle
3. Prüfbitverfahren

Stellen Sie fest, welches unten jeweils beschrieben ist, und tragen Sie die Ziffer vor dem zutreffenden Verfahren in die Kästchen ein!

a. Verfahren zur Verhinderung bzw. Aufdeckung maschineninterner Übertragungsfehler _____ ☐

b. Verfahren zur Aufdeckung falscher Eingabedaten und Ergebnisdaten, die von üblichen Größenordnungen abweichen _____ ☐

c. Verfahren zur Überprüfung eingegebener Ordnungsbegriffe, wie z. B. Artikel-, Kunden- und Rechnungsnummer _____ ☐

Bedenken Sie:

Siehe Aufgabe 61, b. und d.

Zu 62 a.:
Das Prüfbitverfahren (auch Paritätskontrolle) arbeitet mit einem zusätzlichen Bit pro Byte, das i. d. R. so gesetzt wird, daß die Gesamtzahl der Einsen im Byte zuzüglich dem Prüfbit ungerade ist. Nach dem Übertragungsvorgang wird geprüft, ob sich daran etwas geändert hat, was auf einen Fehler hinweisen würde.

⑥③

Ordnen sie folgende Rechte, die das Datenschutzgesetz den betroffenen Bürgern gibt, den nachstehenden Sachverhalten zu und tragen Sie die Ziffer vor der jeweils zutreffenden Antwort in die Kästchen ein!

Datenschutz/ Datensicherung

Rechte:
1. Benachrichtigung bzw. Auskunft
2. Berichtigung
3. Löschung
4. Sperrung

Sachverhalte:

a. Es sind falsche Daten zur Person gespeichert _____ ☐
b. Es sind Daten zur Person unzulässig gespeichert _____ ☐
c. Es sind Daten zur Person erstmalig gespeichert _____ ☐
d. Die Richtigkeit der gespeicherten Daten wird bestritten _____ ☐

Bedenken Sie:

Beachten Sie, in welchem Fall welches Recht den Schutz betroffener Bürger vor Zweckentfremdung und Mißbrauch seiner persönlichen Daten am besten sichern kann.

64

Berufe in der DV

Ordnen Sie die folgenden DV-Berufe den für sie typischen Tätigkeiten zu und tragen Sie die Ziffer vor der jeweils zutreffenden Antwort in die Kästchen ein!

DV-Berufe:

1. Organisator
2. Programmierer
3. Operator

Tätigkeiten:

a. Magnetbänder wechseln _____ ☐
b. Aussehen der Druckausgabe bestimmen _____ ☐
c. Programme erstellen _____ ☐
d. Programme testen _____ ☐
e. Am Monatsende selbständig die Gehaltsabrechnung erstellen _____ ☐

Bedenken Sie:

Der Organisator fungiert quasi als Bindeglied zwischen den Fachabteilungen und der DV-Abteilung.
Der Programmierer ist zuständig für die Erstellung von Programmen bis zur Lauffähigkeit.
Der Operator bedient Großrechner selbständig.
Außerdem bedenken Sie bitte, daß alle Berufe in der Datenverarbeitung auch von Frauen ausgeübt werden können!

65

Berufe in der DV

Stellen sie fest, welche der nachstehenden Tätigkeiten im Bereich der Datenverarbeitung von folgenden Personen verrichtet werden, und tragen Sie die Ziffer vor der jeweils richtigen Berufsbezeichnung in die Kästchen ein!

Berufe der Personen:

1. Operator
2. Systemanalytiker
3. DV-Techniker
4. Datentypist

Tätigkeiten:

a. Er wartet die Datenverarbeitungsanlage _____ ☐
b. Er plant den Einsatz einer Datenverarbeitungsanlage __ ☐

c. Er bedient die Anlage und läßt Programme nach
Angaben von Auftraggebern ablaufen _____ ☐
d. Er erfaßt Daten auf maschinenlesbaren Datenträgern __ ☐

Bedenken Sie:

Siehe Aufgabe 64.
Die Aufgabe liefert grundsätzlich gute Kurzbeschreibungen der Tätigkeiten dieser Berufsgruppen.

66

Die Auftragsbearbeitung eines mittleren Industriebetriebes, die über Computer läuft, soll reorganisiert werden. Welcher der folgenden Stelleninhaber ist für die Beantwortung der untenstehenden Fragen zuständig?

Berufe in der DV

Tragen Sie die Ziffer vor der jeweils zutreffenden Antwort in die Kästchen ein!

Stelleninhaber:

1. Leiter Verkaufssachbearbeitung
2. Organisator
3. Gruppenleiter Programmierung

Fragen:

a. Wie hoch ist der künftig für die Kundenstammdatei zu erwartende Speicherplatzbedarf? _____ ☐
b. Welche externen Speicher sollen eingesetzt werden? __ ☐
c. Welche Kundenstammdaten liegen zur Zeit vor? ___ ☐
d. Wie soll der Kundenstammsatz aufgebaut werden? __ ☐
e. In welcher Reihenfolge sollen Abfragen im Programm erfolgen? _____ ☐

Bedenken Sie:

Hier geht es darum, den Unterschied zu erfassen zwischen Aufgaben, die in die Fachabteilungen gehören, solchen, die die Programmierung betreffen, und den Aufgaben, die eine Mittlerfunktion beinhalten.

67

Ordnen Sie den folgenden Angaben die Begriffe aus der untenstehenden Anzeige zu und tragen Sie die Ziffer ein!

Berufe in der EDV

Angaben

a. Erstellen von Konstruktionszeichnungen _____ ☐
b. Verknüpfung aller technischen und kaufmännischen Aufgabenbereiche eines Industrieunternehmens durch ein integrierendes Rechnersystem _____ ☐
c. Die Leistung der Unternehmung erstreckt sich auf Geräte und Programme _____ ☐

Anzeige:

```
     [1]                              [3]         [2]
  ┌─────────────────────────────────────────────────────┐
  │ CIM -Spezialist sucht Partner                       │
  │                                                     │
  │ Großes deutsches Systemhaus  (hard- und software-   │
  │ orientiert)  mit hohem Bekanntheitsgrad in der Ziel-│
  │ gruppe mittelständischer Industriebetriebe, 180 Mit-│
  │ arbeiter, mehr als 700 PPS- u.  CAD-  Kunden, sucht │
  │ finanzkräftigen Partner, sowohl zur Finanzierung    │
  │ eines zukunftsweisenden UNIX-Produktionsplanungs-   │
  │ und steuerungspaketes als auch zur Absicherung des  │
  │ weiteren überproportionalen Wachstums.              │
  │                                                     │
  │ Zuschriften erbeten unter 776521 an die Frankfurter │
  │ Allgemeine, Postfach 10 08 08, 6000 Frankfurt 1.    │
  └─────────────────────────────────────────────────────┘
```

Bedenken Sie:

Zu a.:
CAD steht für computer aided design, d. h. computerunterstütztes Entwerfen.

Zu b.:
CIM steht für computer integrated manufacturing, d. h., Rechner werden in allen Bereichen der industriellen Fertigung einschließlich des Verwaltungsbereichs eingesetzt.

Zu c.:
Geräte → Hardware, Programme → Software.

68

Einsatz von Rechnern

In Industriebetrieben werden „Prozeßrechner" eingesetzt. Vermerken Sie eine

1, wenn ein Anwendungsgebiet für diese Computer genannt ist
2, wenn das Anwendungsgebiet nicht geeignet ist!

Anwendungsgebiete:

a. Lohn- und Gehaltsabrechnung ────────────── ☐
b. Laufende Überwachung der Schmelztemperatur ─── ☐
c. Abrechnung der Rohstoffkosten für die Gießerei ── ☐
d. Schreiben von Rechnungen ──────────────── ☐
e. Automatische Druckregelung ──────────────── ☐

Bedenken Sie:

Prozeßrechner werden in der Fertigung zur Steuerung und Überwachung von Produktionsprozessen eingesetzt.

69

Was muß beim On-line-Verfahren miteinander verbunden sein?   **Verbindung zwischen Zentraleinheit und Peripherie**

Tragen Sie die Ziffer vor der zutreffenden Antwort in das Kästchen ein! ──────────────── ☐

Antworten:

1. Magnetplatteneinheit und Steuereinheit
2. Magnetplatteneinheit und Drucker
3. Magnetplatteneinheit und Terminal
4. Zentraleinheit und Terminal
5. Zentraleinheit und Steuereinheit

Bedenken Sie:

Siehe Aufgabe 32.

70

Vervollständigen Sie folgende Satzteile, indem Sie die Ziffer vor   **Datenerfassung**
der jeweils zutreffenden Ergänzung in die Kästchen eintragen!

a. Unter Datenerfassung versteht man das Umsetzen von ── ☐

1. Magnetbanddaten in den Arbeitsspeicher
2. Magnetplattendaten in den Arbeitsspeicher
3. Urbelegdaten auf Magnetband

b. Die Reihenfolge bei einem Buchungsablauf mit Hilfe der DV ist ──────────────── ☐

1. Einlesen, Erfassen, Buchen
2. Erfassen, Sortieren, Buchen
3. Erfassen, Einlesen, Buchen

> **Bedenken Sie:**
> Unter Datenerfassung versteht man grundsätzlich das Übertragen von Informationen, die in nicht maschinenlesbarer Form vorliegen, auf maschinenlesbare Datenträger. Erst danach kann die Eingabe in die Zentraleinheit erfolgen.

Programm-dokumentation

71

Programme sollten ausreichend dokumentiert sein. In der untenstehenden Aufzählung sind drei Bestandteile der Programmdokumentation enthalten, die besonders für den Anwender am Bildschirm wichtig sind.

Vermerken Sie eine

1 bei wichtigen Angaben und eine
2 bei weniger wichtigen Angaben!

Angaben:

a. Liste aller Programmbefehle ☐
b. Beschreibung der relevanten Eingaben über Tastatur ☐
c. Datenflußpläne ☐
d. Erläuterungen der Fehlermeldungen, die am Bildschirm erscheinen können ☐
e. Programmablaufpläne ☐
f. Bedeutung der programmierten Funktionstasten ☐

Programm-ablaufplan

72

Ein Programmablaufplan besteht u. a. aus den untenstehenden, durch Ziffern gekennzeichneten Symbolen.

a. Ordnen Sie den folgenden Programmschritten die richtigen Symbole zu, und notieren Sie die darin vermerkten Ziffern!

Verbindungsstelle (Konnektor) ☐

Verarbeitung ☐

Grenzstelle ☐

b. Welche Programmschritte können mehrmals ausgeführt werden? Notieren Sie die Ziffern in den zutreffenden Symbolen in aufsteigender Reihenfolge! ☐

Programmablaufplan:

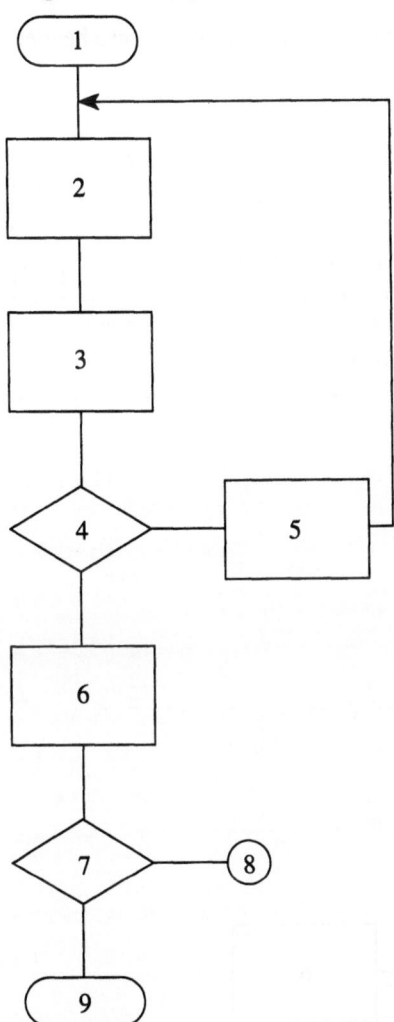

Bedenken Sie:

Hier (und in den sechs folgenden Aufgaben) finden Sie eine Zusammenfassung der wichtigsten Symbole für die Erstellung von Programmablaufplänen nach DIN 66 001 und ihrer Verwendung vor, falls Sie in Ihrem Lehrbuch eine derartige Aufstellung vermissen. Teil b. dieser Aufgabe zeigt eine Programmschleife (auch Iteration oder Rückkopplung).

**Programm-
ablaufplan**

73

Beantworten Sie die folgenden Fragen zum untenstehenden Programmablaufplan.

Fragen:

a. Welches der Symbole stellt eine Verzweigung dar?
   (Ziffer im zutreffenden Symbol eintragen.) _____ □

b. Wie oft würde Anweisung 3 durchlaufen, wenn Anweisung 5 zehnmal durchgeführt würde?
   (Anzahl der Durchläufe eintragen.) _____ □

c. Wie oft würde Anweisung 6 durchlaufen, wenn Anweisung 3 tausendmal durchgeführt würde?
   (Anzahl der Durchläufe eintragen.) _____ □

Programmablaufplan:

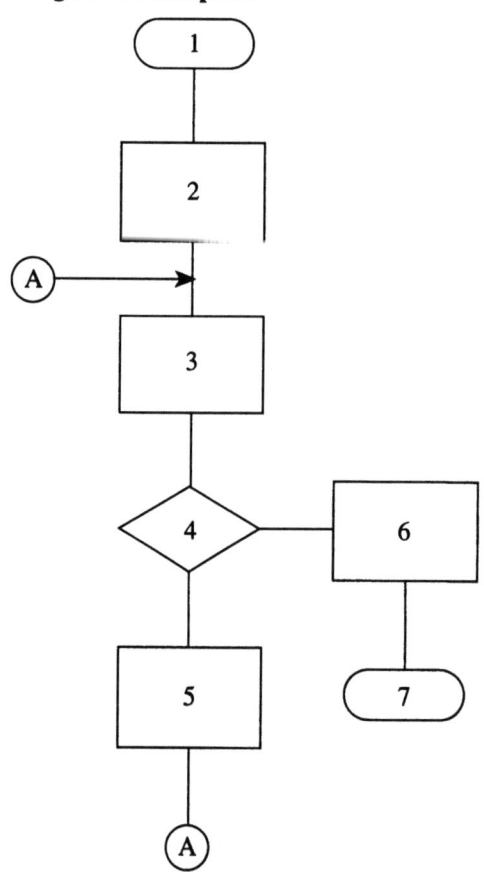

Bedenken Sie:

Siehe Aufgabe 72.

74

Welche Arbeitsschritte des folgenden Programmablaufs werden in einer Iteration bearbeitet?

Programmablaufplan

Tragen Sie die Ziffern der zutreffenden Arbeitsschritte in aufsteigender Reihenfolge ein.

Programmablauf:

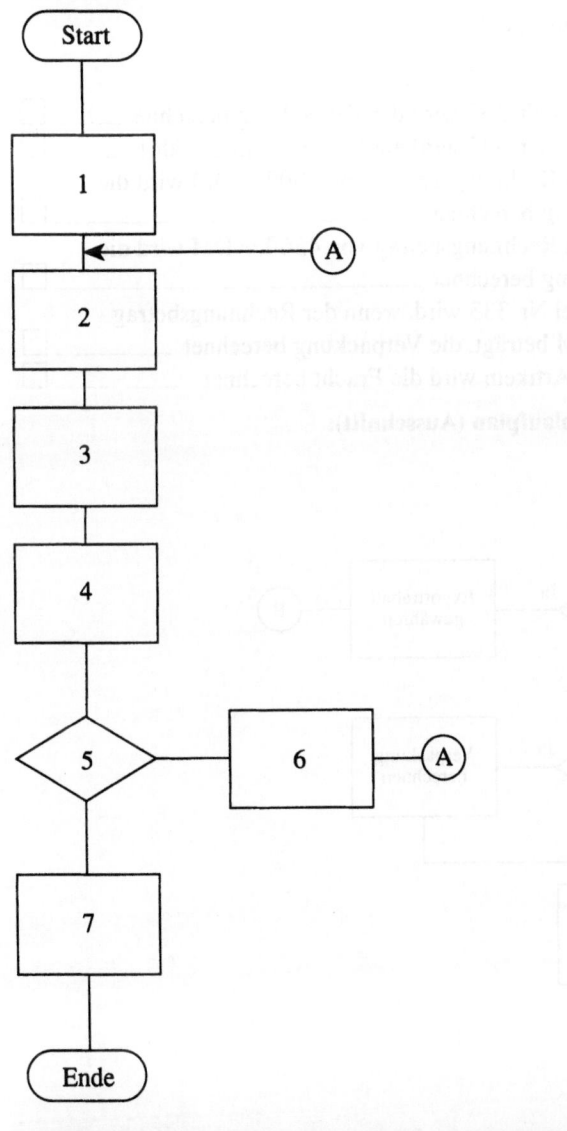

Bedenken Sie:
Siehe Aufgabe 72.

75

Programm-ablaufplan

Prüfen Sie folgende Aussagen im Zusammenhang mit dem nachfolgenden Ausschnitt aus einem Programmablaufplan zur Rechnungserstellung und kennzeichnen Sie mit einer

1. richtige Aussagen

und mit einer

2. falsche Aussagen!

Aussagen:

a. Bei Artikel Nr. 333 wird die Verpackung berechnet ____ ☐
b. Bei Artikel Nr. 333 wird ein Exportrabatt gewährt ____ ☐
c. Bei einem Rechnungsbetrag von 1000,– DM wird die Verpackung berechnet ____ ☐
d. Bei einem Rechnungsbetrag von 4560,– DM wird die Verpackung berechnet ____ ☐
e. Bei Artikel Nr. 333 wird, wenn der Rechnungsbetrag 990,– DM beträgt, die Verpackung berechnet ____ ☐
f. Bei allen Artikeln wird die Fracht berechnet ____ ☐

Programmablaufplan (Ausschnitt):

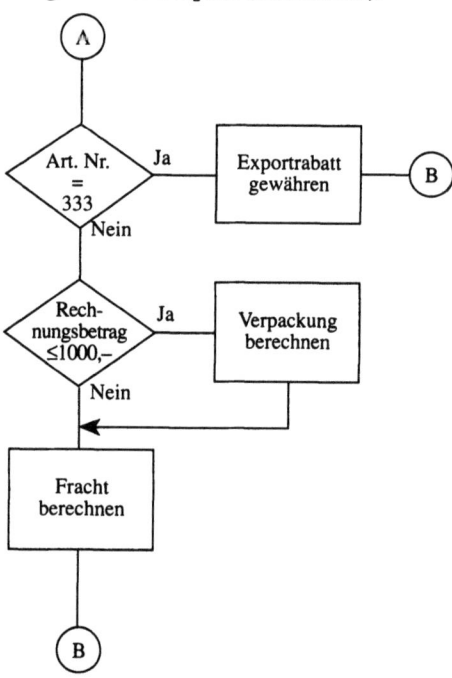

Bedenken Sie:

Siehe Aufgabe 72.

76

Der nachfolgend abgebildete Programmablaufplan ist fehlerhaft. Ermitteln Sie den Fehler, und tragen Sie die Ziffer vor der zutreffenden Antwort in das Kästchen ein! _____ ☐

Programmablaufplan

Fehler:

1. Grenzstellen fehlen
2. Keine eindeutige Verzweigung
3. Programmende wird u. U. nicht erreicht

Programmablaufplan:

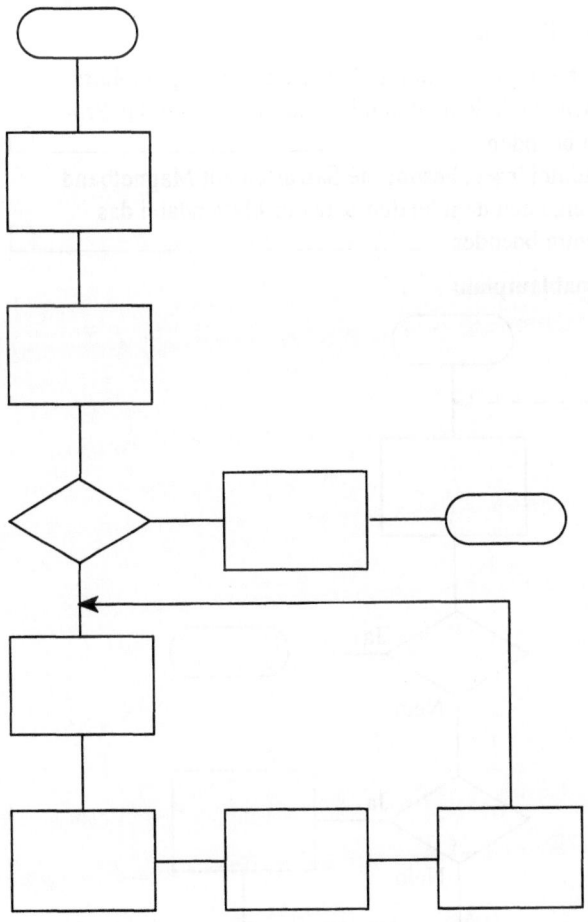

Bedenken Sie:

Siehe Aufgabe 72.
Falls die Antwort auf die Frage in dem Verzweigungssymbol „nein"

ist, wird diese Frage nie mehr gestellt, dann besteht also auch keine Chance mehr, in den Endzweig zu kommen.

77

Programm-ablaufplan

Entscheiden Sie, ob die folgenden Aufgabenstellungen durch den unten gezeigten Programmablaufplan abgebildet werden können, und kennzeichnen Sie die entsprechende Aufgabenstellung mit einer

1, wenn diese Möglichkeit besteht, und
2, wenn diese Möglichkeit nicht besteht!

Aufgabenstellungen:

a. Banddatei lesen, bestimmte Satzarten auf Magnetplatte ausgeben, nach dem letzten Satz der Banddatei das Programm beenden ☐

b. Plattendatei lesen, bestimmte Satzarten auf Magnetband ausgeben, nach dem letzten Satz der Plattendatei das Programm beenden ☐

Programmablaufplan:

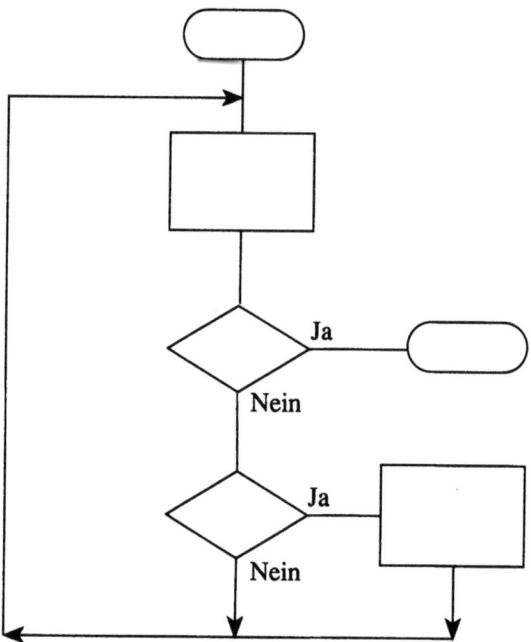

Bedenken Sie:

Mit dem Rechteck kann die Ein- bzw. Ausgabe mit Hilfe einer nicht näher spezifizierten Datenträgereinheit dargestellt werden.

Somit gilt dieser Plan für Eingabe von und Ausgabe auf jede Art von Datenträger!
Also: Nicht aufs Glatteis führen lassen!

78

Mit dem nachfolgenden Ausschnitt aus einem Programmablaufplan wird eine kindergeldbezogene Zusatzleistung ermittelt.

Programmablaufplan

Berechnen Sie unter Verwendung dieses Plans die Zusatzleistung

a. für das erste Kind _____ ☐ DM

b. für drei Kinder zusammen _____ ☐ DM

Programmablaufplan (Auschnitt):

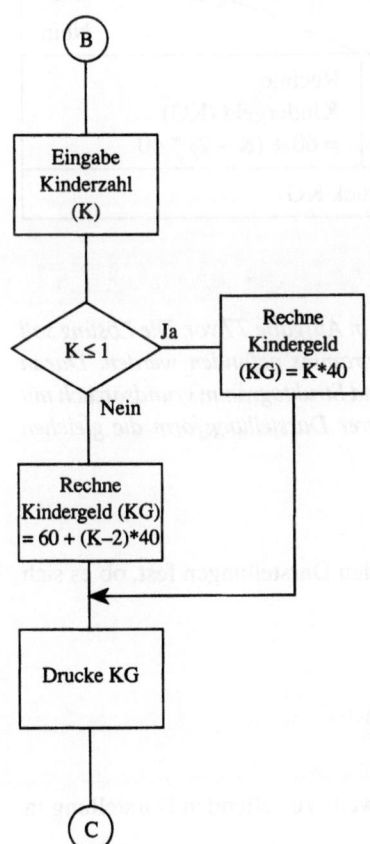

Bedenken Sie:

Denken Sie an folgende Rechnung:
Zu a.: praktisch 1 · DM 40,—
Zu b.: DM 60,— + (3−2) DM 40,—

79

Struktogramm Mit dem untenstehenden Struktogramm wird eine kindergeldbezogene Zusatzleistung ermittelt. Berechnen sie unter Verwendung des Struktogramms diese Zusatzleistung

a. für das erste Kind _____ ☐ DM

b. für drei Kinder zusammen _____ ☐ DM

Struktogramm:

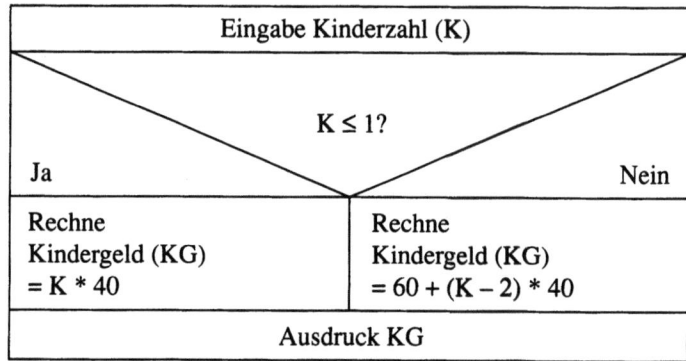

Bedenken Sie:

Hier liegt das gleiche Beispiel wie in Aufgabe 77 vor. Die Lösung soll allerdings mit Hilfe des Struktogramms gefunden werden. Daran können Sie erkennen, daß PAP und Struktogramm grundsätzlich mit sehr ähnlicher Logik, aber anderer Darstellungsform die gleichen Sachverhalte abbilden.

80

Programm-ablaufplan Struktogramm

Stellen Sie bei den untenstehenden Darstellungen fest, ob es sich um eine

1. lineare Programmstruktur
2. Verzweigung
3. Programmschleife (Iteration)

handelt.

Tragen Sie die Ziffer vor der jeweils zutreffenden Darstellung in die Kästchen ein!

a. Darstellung A _____ ☐
b. Darstellung B _____ ☐
c. Darstellung C _____ ☐
d. Darstellung D _____ ☐
e. Darstellung E _____ ☐

Darstellung:

A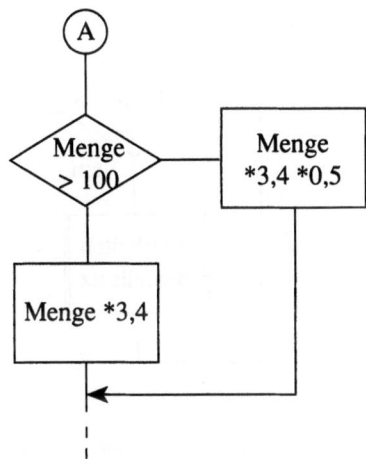

B

C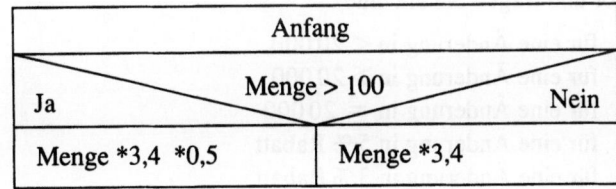

D

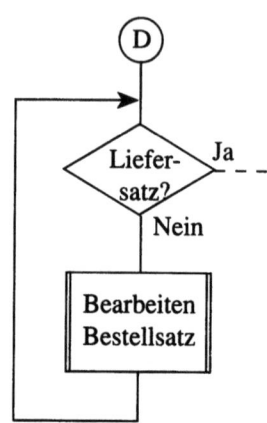

E

Kennzeichen Liefersatz setzen
Einzelmenge addieren
Staffelsumme bilden

Bedenken Sie:

Siehe Ausführungen zu den Programmablaufplänen und zu Aufgabe 79.
Zu ergänzen ist noch, daß bei linearen Programmabschnitten eine Tätigkeit ohne Alternative oder Parallele auf die andere folgt.

Struktogramm Das untenstehende Struktogramm soll so geändert werden, daß bei Umsätzen über 20 000,— DM ein Rabatt von 5 %, in allen anderen Fällen ein Rabatt von 3 % berechnet wird.

Nehmen Sie in den Feldern A bis C die erforderlichen Änderungen vor und tragen Sie ein eine

1 für eine Änderung in < 20 000
2 für eine Änderung in > 20 000
3 für eine Änderung in = 20 000
4 für eine Änderung in 5 % Rabatt
5 für eine Änderung in 3 % Rabatt

Felder:
a. Feld A _____ ☐
b. Feld B _____ ☐
c. Feld C _____ ☐

Struktogramm:

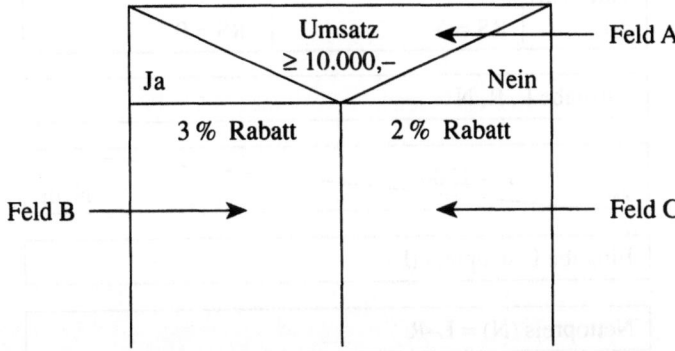

Bedenken Sie:

Es kommt hier vor allem auf exaktes Durchdenken der Problemstellung an.

82

Nachfolgend sind die Elemente eines Struktogramms zur Fakturierung abgebildet.   **Struktogramm**

a. Stellen Sie fest, welche der angegebenen Reihenfolgen der Problemstellung gerecht wird, und tragen Sie die Ziffer vor der jeweils zutreffenden Antwort in die Kästchen ein! _____ ☐

   1. E–B–D–A–F–C
   2. E–D–B–A–F–C
   3. E–D–A–B–F–C
   4. E–D–B–F–A–C

b. Welcher Rabattsatz wird bei einem Listenpreis von 750,— DM gewährt? _____ ☐

Elemente des Struktogramms:

A | Rabatt (R) = L * RS/100

B | Rabatt-Satz (RS) = 8 | Ja | L > 1000 | Nein | RS = 5 | RS = 0

C | Ausgabe L, R, N

D | Ja | L > 1500 | Nein

E | Eingabe Listenpreis (L)

F | Nettopreis (N) = L–R

Bedenken Sie:

Siehe Aufgabe 81.

83

Datenflußplan Ordnen sie die folgenden Symbole für Datenflußpläne nach der DIN 66 001 den untenstehenden Benennungen zu und tragen Sie die Ziffer in dem jeweils zutreffenden Symbol in die Kästchen ein!

Symbole:

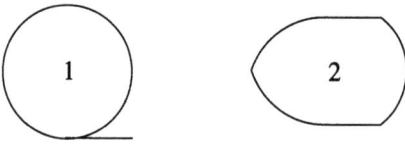

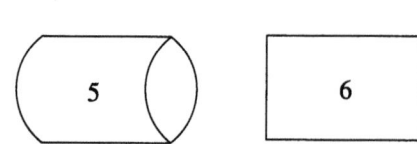

Benennungen:

a. Manuell erzeugte optische oder akustische Daten ____ ☐
b. Maschinell erzeugte optische oder akustische Daten ____ ☐
c. Daten auf Speicher mit auch direktem Zugriff ____ ☐
d. Daten auf Speicher mit nur sequentiellem Zugriff ____ ☐
e. Daten auf Schriftstück ____ ☐
f. Verarbeitung allgemein ____ ☐

84

Vervollständigen Sie den folgenden Datenflußplan für die Lagerbestandsfortschreibung.

Datenflußplan

Tragen Sie die Ziffer vor dem jeweils passenden Symbol in die Kästchen ein!

Datenflußplan:

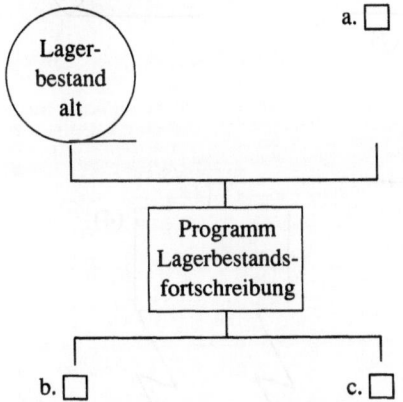

Symbole zur Vervollständigung:

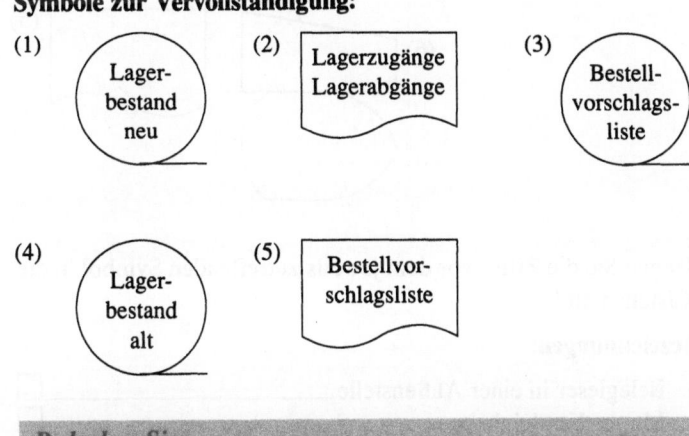

Bedenken Sie:

Siehe Aufgabe 83.

Konfigurationsplan

85

Welche Symbole des folgenden Konfigurationsplans treffen auf nachstehende Bezeichnungen zu?

Konfigurationsplan:

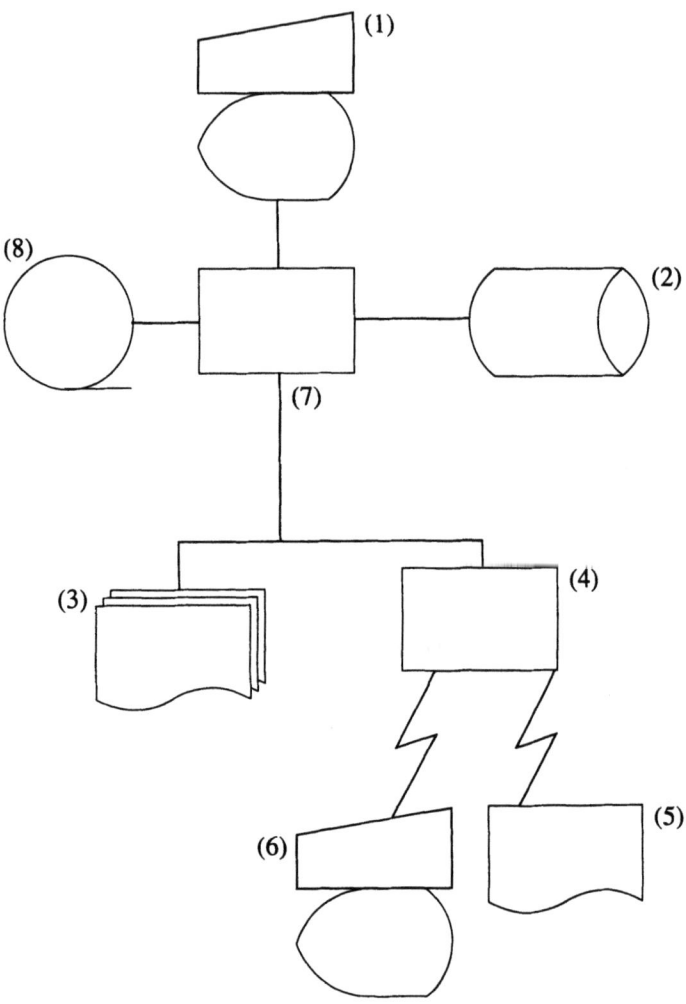

Tragen Sie die Ziffer vor dem jeweils zutreffenden Symbol in die Kästchen ein!

Bezeichnungen:

a. Belegleser in einer Außenstelle _____ ☐
b. Magnetbandeinheit _____ ☐
c. Bedienungsstation für Operator _____ ☐
d. Drei Laserdrucker _____ ☐

e. Benutzerstation in der Außenstelle _____ ☐
f. Magnetplattengerät _____ ☐
g. Modem _____ ☐

Bedenken Sie:

Der Konfigurationsplan stellt ebenfalls mit Symbolen aus der DIN 66 001 die spezifische Ausstattung einer Datenverarbeitungsanlage graphisch dar.
Zur Unterscheidung der ab Aufgabe 72 behandelten Darstellungsformen siehe die nächsten beiden Aufgaben.

86

Kennzeichnen Sie die nachfolgenden Texte mit einer

1, wenn es sich um die Beschreibung eines Programmablaufplans handelt
2, wenn es sich um die Beschreibung eines Datenflußplans handelt
3, wenn es sich um die Beschreibung eines Konfigurationsplans handelt
4, wenn die Beschreibung auf keinen dieser Pläne zutrifft!

Programmablaufplan/Datenflußplan/Konfigurationsplan

Texte:

a. Weg der Information mit Darstellung der Datenträger, der Bearbeitungen, der Stellung der Datenträger zum Rechner und der beteiligten Programme _____ ☐
b. Darstellung von Arbeitsschritten im logischen Zusammenhang _____ ☐
c. Darstellung von Arbeitsschritten im logischen Zusammenhang einschließlich der Darstellung der Datenträger _____ ☐
d. Darstellung der Datenträger und deren logischer Verknüpfung _____ ☐
e. Darstellung der spezifischen Ausstattung einer Datenverarbeitungsanlage _____ ☐

Bedenken Sie:

Siehe Ausführungen ab Aufgabe 72.

87

Datenflußplan/ Programmablaufplan/ Struktogramm

Stellen Sie fest, welche der untenstehenden Symbole den folgenden Darstellungsformen zuzuordnen sind und tragen Sie die Ziffer vor der jeweils zutreffenden Darstellungsform in die Kästchen ein!

Darstellungsformen:

1. Datenflußplan
2. Programmablaufplan
3. Struktogramm

Symbole:

a. _____ ☐

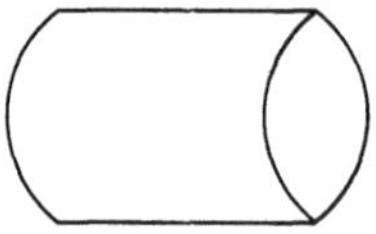

b. _____ ☐

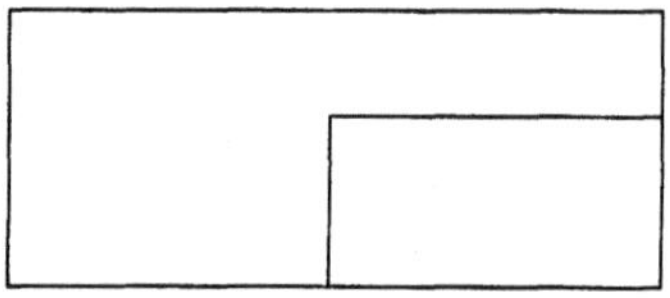

c. _____ ☐

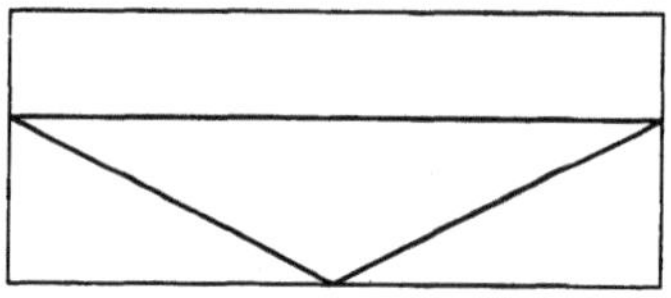

d. _____ ☐

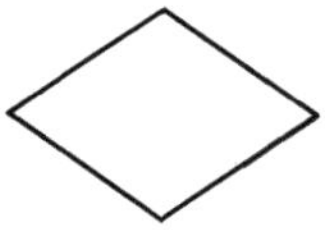

Bedenken Sie:

Siehe Ausführungen ab Aufgabe 72.

Die nachfolgenden Fragen geben Ihnen die Möglichkeit, ihr Wissen „querbeet" über den gesamten Bereich der Datenverarbeitung zu überprüfen.

88

Querbeet

Ordnen Sie die untenstehenden Bezeichnungen den im folgenden Schema einer Datenverarbeitungsanlage mit A bis F gekennzeichneten Positionen zu, und tragen Sie die Ziffer vor der jeweils zutreffenden Bezeichnung in die Kästchen ein!

Schema:

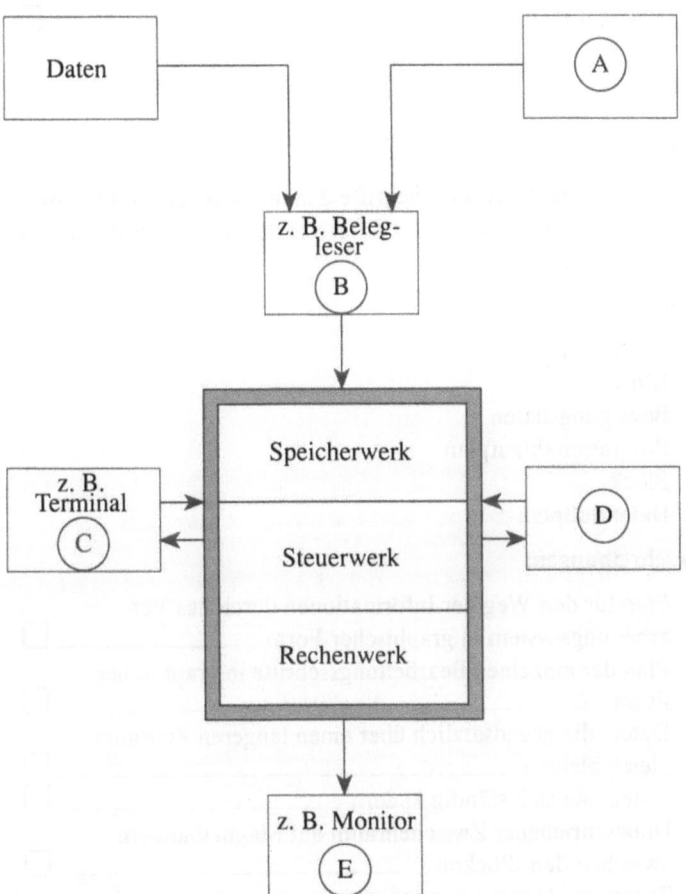

Bezeichnungen:

1. Zentraleinheit
2. Externer Speicher
3. BASIC
4. Programm
5. Systemkonsole
6. Dialoggerät
7. Ausgabegerät
8. Eingabegerät

Positionen:

a. Position A ───────────────── ☐

b. Position B _____ ☐
c. Position C _____ ☐
d. Position D _____ ☐
e. Position E _____ ☐

89

Querbeet Ordnen Sie die folgenden Begriffe den untenstehenden Beschreibungen zu und tragen Sie die Ziffer vor dem jeweils zutreffenden Begriff in die Kästchen ein!

Begriffe:

1. Stammdaten
2. Kluft
3. Bewegungsdaten
4. Programmablaufplan
5. Block
6. Datenflußplan

Beschreibungen:

a. Plan für den Weg der Informationen durch das Verarbeitungssystem in graphischer Form _____ ☐
b. Plan der einzelnen Bearbeitungsschritte in graphischer Form _____ ☐
c. Daten, die grundsätzlich über einen längeren Zeitraum gleich bleiben _____ ☐
d. Daten, die sich ständig ändern _____ ☐
e. Unbeschriebener Zwischenraum auf Magnetbändern zwischen den Blöcken _____ ☐
f. Zusammenfassung von Informationen zur besseren Ausnutzung der Bandkapazität _____ ☐

90

Querbeet Ordnen Sie die folgenden Begriffe den untenstehenden Aussagen zu und tragen Sie die Ziffer vor dem jeweils zutreffenden Begriff in die Kästchen ein!

Begriffe:

1. Numerisch...
2. Kompatibel...
3. Packen...

4. Sequentiell ...
5. Multiprogramming ...

Aussagen:

a. ... bedeutet in der DV die Austauschbarkeit oder die Verträglichkeit von verschiedenen Datenverarbeitungseinrichtungen untereinander ☐
b. ... nennt man Daten, die nur aus Ziffern bestehen ☐
c. ... erfolgt, um Speicherplatz zu sparen ☐
d. ... heißt, daß die Zentraleinheit einer DV-Anlage so leistungsfähig ist, daß unter bestimmten Voraussetzungen mehrere Programme scheinbar gleichzeitig ablaufen können ☐

91

Welche der folgenden Begriffe treffen auf untenstehende Beschreibungen zu?

Querbeet

Tragen Sie die Ziffer vor dem jeweils zutreffenden Begriff in die Kästchen ein!

Begriffe:

1. Adresse
2. FORTRAN
3. Diskette
4. Compiler
5. Arbeitsspeicher
6. Modem
7. Magnetband

Beschreibungen:

a. Zusatzgerät zur Datenfernübertragung ☐
b. Problemorientierte Programmiersprache ☐
c. Kennzeichen zum Auffinden eines Speicherplatzes ☐
d. Übersetzungsprogramm ☐
e. Datenträger mit direktem Zugriff ☐

92

Ordnen Sie die folgenden Begriffe den untenstehenden Angaben zu und tragen Sie die Ziffer vor dem jeweils zutreffenden Begriff in die Kästchen ein!

Querbeet

Begriffe:

1. Assemblierer
2. EBCDI-Code
3. Monitor
4. Magnetbandkassette

Angaben:

a. Datensichtgerät _____ ☐
b. Übersetzungsprogramm für maschinenorientierte
   Sprache _____ ☐
c. Interner Code der Zentraleinheit _____ ☐
d. Datenträger mit sequentiellem Zugriff _____ ☐

93

Querbeet Welche der folgenden Erläuterungen treffen auf die untenstehenden Begriffe zu?

Tragen Sie die Ziffer vor der jeweils zutreffenden Erläuterung in die Kästchen ein!

Erläuterungen:

1. Übersetzungsprogramm
2. Blinkendes Zeichen auf dem Bildschirm
3. Programmiersprache
4. Eingabehilfe
5. Kurvenzeichner
6. Speicherwerk

Begriffe:

a. Interpreter _____ ☐
b. Maus _____ ☐
c. Plotter _____ ☐
d. Cursor _____ ☐

94

Querbeet Ordnen Sie den untenstehenden Aussagen die folgenden Begriffe zu und tragen Sie die Ziffer vor der jeweils zutreffenden Antwort in die Kästchen ein!

Begriffe:

1. Programm
2. Datenfernverarbeitung

3. On-line-Peripherie
4. Terminal
5. Adresse

Aussagen:

a. Verfahren im Rahmen der Datenverarbeitung, bei dem Informationen unter Einschaltung von Modems übertragen werden _____ ☐

b. Kennzeichen, mit dem eine Speicherstelle angesprochen werden kann _____ ☐

c. Benutzerstation _____ ☐

d. Gerät in direkter Verbindung zur Zentraleinheit _____ ☐

95

Ordnen sie die folgenden Abkürzungen aus dem Bereich der Datenverarbeitung mit sog. Kleinrechnern den untenstehenden Beschreibungen bzw. Begriffsbezeichnungen zu und tragen Sie die Ziffer vor der jeweils zutreffenden Abkürzung in die Kästchen ein!   **Querbeet**

Abkürzungen:

1. ROM
2. RAM
3. MS-DOS
4. PC

Beschreibungen bzw. Begriffsbezeichnungen:

a. Kleinrechnerbezeichnung _____ ☐
b. Nur-Lesespeicher _____ ☐
c. Betriebssystem für Kleinrechner _____ ☐
d. Schreib-/Lesespeicher _____ ☐

96

Ordnen sie die folgenden Begriffe aus der Datenverarbeitung den untenstehenden Beschreibungen zu und tragen Sie die Ziffer vor dem jeweils zutreffenden Begriff in die Kästchen ein!   **Querbeet**

Begriffe:

1. Bit
2. Job
3. COBOL
4. Prozessor

Beschreibungen:

a. Element eines Bytes ———————————— ☐
b. Auftrag zur Bearbeitung eines Problems auf einer DV-Anlage ———————————— ☐
c. Chip für Rechen- und Steueroperationen ———— ☐
d. Programmiersprache für wirtschaftliche Anwendungen ———————————— ☐

97

Querbeet Ordnen Sie die folgenden Begriffe den untenstehenden Erläuterungen zu und tragen Sie die Ziffer vor dem jeweils zutreffenden Begriff in die Kästchen ein!

Begriffe:

1. Anwendersoftware
2. Betriebssystem
3. Datei
4. Netzwerk

Erläuterungen:

a. Buchhaltungsprogramm ———————————— ☐
b. Verbindung mehrerer Computer zu einer gemeinsamen Nutzung von Datenbanken oder Hardwarekomponenten ☐
c. Software zur Erschließung der Hardwarefunktionen —— ☐
d. Ansammlung gleichförmig strukturierter Daten ———— ☐

98

Querbeet Ordnen sie die folgenden Begriffe den untenstehenden Beschreibungen zu und tragen Sie die Ziffer vor dem jeweils zutreffenden Begriff in die Kästchen ein!

Begriffe:

1. Peripherie
2. Hardware
3. Konfiguration
4. Zentraleinheit
5. Software
6. Kanal

Beschreibungen:

a. Sämtliche Geräte, die an eine Zentraleinheit angeschlossen werden ☐
b. Verbindung zwischen Peripherie und Zentraleinheit ☐
c. Sämtliche physischen Bestandteile einer DV-Anlage ☐
d. Funktionsfähige Zusammenstellung einer DV-Anlage (Zentraleinheit und periphere Geräte) ☐
e. Komponente einer DV-Anlage mit den Bestandteilen Speicherwerk, Steuerwerk und Rechenwerk ☐
f. Sammelbezeichnung für alle Programme ☐

99

Stellen sie fest, ob die untenstehenden Aussagen zum folgenden Datenflußplan

Querbeet

1. zutreffen
2. nicht zutreffen
3. nicht prüfbar sind!

Tragen Sie die Ziffer vor der jeweils zutreffenden Antwort in die Kästchen ein!

Aufgaben Datenverarbeitung

Datenflußplan:

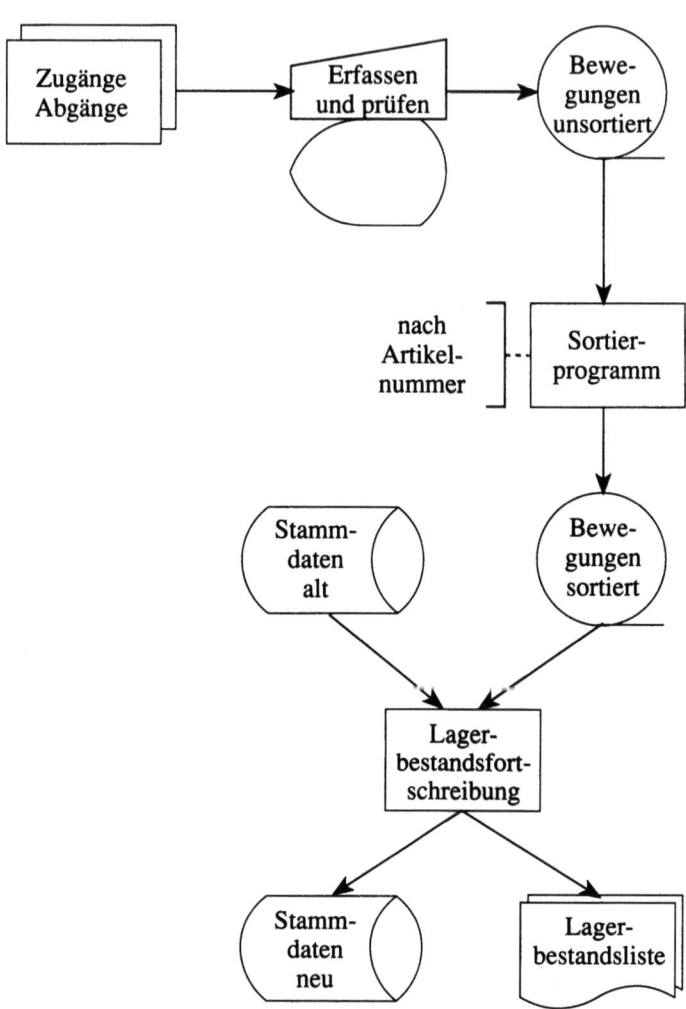

Aussagen:

a. Die Stammdaten sind sowohl auf Magnetbändern als auch auf Magnetplatten gespeichert _____ ☐

b. Zugänge und Abgänge liegen nach der Erfassung auf einem externen Speicher vor _____ ☐

c. Die Bezeichnung für den vorliegenden Datenflußplan lautet Struktogramm _____ ☐

d. Auf die Bewegungsdaten ist nur ein sequentieller Zugriff möglich _____ ☐

e. Die Erfassung der Zugänge und Abgänge erfolgt in regelmäßigen Abständen ☐
f. Die Datensicherung erfolgt nach dem Großvater-Vater-Sohn-Prinzip ☐

100 Querbeet

Zur Bearbeitung der Auftragsabwicklung werden verschiedene Dateien mit jeweils unterschiedlichen Informationsinhalten eingerichtet.

a. Welcher der folgenden Dateien können untenstehende Informationen entnommen werden?

Tragen Sie die Ziffer vor der jeweils zutreffenden Datei in die Kästchen ein!

Dateien:

1. Kundenstammdatei
2. Erzeugnisstammdatei
3. Auftragsbestandsdatei
4. Erzeugnisbestandsdatei

Informationen:

aa. Bestelldatum des Kunden ☐
ab. Tag der letzten Inventur ☐
ac. Bonitätsschlüssel ☐
ad. Verkaufspreis ☐

b. Die Unternehmensführung wünscht einen kontinuierlichen Änderungsdienst für die Dateien der Auftragsabwicklung. Welche der folgenden Betriebsarten ist dafür besonders zweckmäßig?

Tragen Sie die Ziffer vor der zutreffenden Antwort in das Kästchen ein! ☐

Betriebsarten:

1. Stapelverarbeitung
2. Dialogbetrieb
3. Prozeßverarbeitung

Lösungen

A. Organisation

1
a.	1
b.	1
c.	2
d.	3
e.	2
f.	2

2
a.	1
b.	2
c.	1
d.	1
e.	2

3
a.	1
b.	1
c.	2
d.	1

4
a.	2
b.	2
c.	1
d.	2
e.	1
f.	1

5
a.	2
b.	3
c.	1

6
a.	3
b.	1
c.	1
d.	2
e.	1
f.	3

7
a.	1
b.	4
c.	4

8
a.	6
b.	1
c.	3
d.	4
e.	2

9
a.	3
b.	1
c.	4
d.	2

Lösungen Organisation

10
a.	2
b.	4
c.	1
d.	3

11
a.	2
b.	1 + 3
c.	3
d.	1
e.	2

12
a.	2
b.	1
c.	1
d.	2

13 | 3 |

14
a.	2
b.	1
c.	2
d.	1
e.	3

15
a.	4
b.	1
c.	3
d.	2

16
a.	3
b.	2
c.	4
d.	2
e.	1

17
a.	4
b.	1
c.	2
d.	3

18
a.	3
b.	2
c.	5
d.	4
e.	1

19 | 2

20 | 1

21 | 2

22
a.	1
b.	2
c.	2
d.	1

Lösungen Organisation

23
a.	1
b.	1
c.	3
d.	2
e.	3
f.	2

24 | 2 |

25 | 3 |

26
a.	1
b.	3
c.	4
d.	2

27
a.	1
b.	2
c.	3
d.	4

28
a.	1
b.	3
c.	2

29
a.	2
b.	1
c.	3
d.	3

30
a.	3
b.	2
c.	4
d.	5
e.	6

31
a.	6
b.	2
c.	7
d.	5
e.	4
f.	1

32
a.	2
b.	1
c.	2
d.	3

33
a.	2
b.	1
c.	3

34
a.	4
b.	1
c.	2
d.	3
e.	6
f.	5

35
a.	1
b.	2
c.	1
d.	3
e.	4

36
a.	3
b.	2
c.	4
d.	1

37
a.	1
b.	3
c.	2
d.	2

38
a.	2
b.	3
c.	1

39

	a.	3
	b.	1
	c.	5
	d.	2
	e.	1
	f.	4

40

	a.	1
	b.	2
	c.	4+5
	d.	3

41

	a.	1
	b.	3
	c.	1
	d.	2
	e.	2
	f.	3

42

	a.	2
	b.	3
	c.	1
	d.	1

43

	A	2
	B	3
	C	1

44

a.	1
b.	3
c.	2
d.	2

45

a.	1
b.	3
c.	5
d.	4
e.	6
f.	2

46

a.	2
b.	1
c.	3
d.	4

47

a.	2
b.	3
c.	1

48 | 10 |

49

aa.	20
ab.	27
ac.	90
ba.	270
bb.	80

50	a.	3
	b.	4
	c.	1
	d.	2
	e.	5

B. Datenverarbeitung

1
a.	1
b.	2
c.	2
d.	1

2
a.	1
b.	2
c.	1
d.	2
e.	2
f.	2

3
a.	2
b.	3
c.	4
d.	1

4 | 2 |

5
a.	2
b.	3
c.	1
d.	1
e.	2
f.	3

128 Lösungen Datenverarbeitung

⑥
a.	3
b.	2
c.	1
d.	3
e.	3
f.	2
g.	1

⑦
a.		2
		4
		3
		1
b.		3

⑧
a.	2
b.	4
c.	1
d.	3

⑨
a.	3
b.	1
c.	2
d.	5
e.	4

10
a.	2
b.	3
c.	1
d.	4

11
a.	3
b.	2
c.	4
d.	3
e.	1
f.	3
g.	4

12
a.	3
b.	1
c.	2
d.	4

13 | 4

14
a.	3
b.	5
c.	4
d.	5

15 | 2

16 | 4

17	4

18	a.	3
	b.	5
	c.	1
	d.	4
	e.	6
	f.	2

19	a.	3
	b.	1
	c.	4
	d.	1
	e.	2
	f.	2
	g.	3
	h.	4

20	a.	3
	b.	4
	c.	4
	d.	3
	e.	2
	f.	1
	g.	1

21	a.	1
	b.	1
	c.	2
	d.	2

22	a.	4
	b.	1
	c.	2
	d.	3

23	a.	3
	b.	2
	c.	1
	d.	3

24	a.	3
	b.	1
	c.	2
	d.	4

25	a.	5
	b.	1
	c.	3
	d.	2
	e.	4

26

	a.	1
	b.	1
	c.	2
	d.	4
	e.	3
	f.	5

27

	a.	5
	b.	1
	c.	4
	d.	6
	e.	2
	f.	3

28

	a.	1
	b.	2
	c.	2
	d.	2

29

	a.	3
	b.	2
	c.	1

30
a.	3
b.	2
c.	2
d.	1
e.	2
f.	2

31
a.	3
b.	2
c.	1
d.	4

32
a.	3
b.	1
c.	2
d.	1

33
a.	1
b.	1
c.	2
d.	1
e.	2
f.	1

34 | 2

35	a.	1
	b.	4
	c.	1
	d.	4
	e.	2
	f.	3
	g.	2

36	a.	3
	b.	1
	c.	4
	d.	1
	e.	2

37	a.	1
	b.	2
	c.	3
	d.	4
	e.	4
	f.	2

38	a.	2
	b.	2

39	4

Lösungen Datenverarbeitung

40
a.	1
b.	2
c.	2
d.	1

41
a.	2
b.	4
c.	1
d.	3

42
a.	18
b.	160
c.	1440

43
a.	7
b.	7
c.	5
d.	5

44
a.	2
b.	1
c.	2
d.	2
e.	1

45
a.	3
b.	2
c.	1

46
a.	2
b.	3
c.	1

47
a.	3
b.	3

48
a.	4
b.	2
c.	3
d.	1
e.	5

49
a.	4
b.	2
c.	3
d.	5
e.	1

50
a.	2
b.	1
c.	1
d.	1
e.	3

51
a.	1
b.	5
c.	2
d.	4
e.	3

52
a.	3
b.	2
c.	1
d.	3

53
a.	1
b.	4
c.	4
d.	2
e.	3

54
a.	1
b.	2
c.	1
d.	1

55
a.	3
b.	2
c.	1

56
2

57
a.	2
b.	3
c.	4
d.	3
e.	1

58
a.	2
b.	1
c.	3
d.	2
e.	1

59
a.	2
b.	1
c.	2
d.	1

60
2

61
a.	1
b.	3
c.	2
d.	3

62
a.	3
b.	2
c.	1

63
a.	2
b.	3
c.	1
d.	4

64
a.	3
b.	1
c.	2
d.	2
e.	3

65
a.	3
b.	2
c.	1
d.	4

66
a.	2
b.	2
c.	1
d.	1
e.	3

67
a.	3
b.	1
c.	2

68
a.	2
b.	1
c.	2
d.	2
e.	1

69 4

70
a.	3
b.	3

71
a.	2
b.	1
c.	2
d.	1
e.	2
f.	1

72
a.	8; 2, 3, 5, 6; 1, 9
b.	2, 3, 4, 5

73
a.	4
b.	11
c.	1

| 74 | 2; 3; 4; 5; 6 |

75	a.	2
	b.	1
	c.	1
	d.	2
	e.	2
	f.	2

| 76 | 3 |

77	a.	1
	b.	1

78	a.	40
	b.	100

79	a.	40
	b.	100

80
a.	2
b.	1
c.	2
d.	3
e.	1

81
a.	2
b.	4
c.	5

82
a.	2
b.	0

83
a.	4
b.	2
c.	5
d.	1
e.	3
f.	6

84
a.	2
b.	1 bzw. 5
c.	5 bzw. 1

85
a.	5
b.	8
c.	1
d.	3
e.	6
f.	2
g.	4

86
a.	2
b.	1
c.	4
d.	4
e.	3

87
a.	1
b.	3
c.	3
d.	2

88
a.	4
b.	8
c.	6
d.	2
e.	7

89

	a.	6
	b.	4
	c.	1
	d.	3
	e.	2
	f.	5

90

	a.	2
	b.	1
	c.	3
	d.	5

91

	a.	6
	b.	2
	c.	1
	d.	4
	e.	3

92

	a.	3
	b.	1
	c.	2
	d.	4

93

	a.	1
	b.	4
	c.	5
	d.	2

Lösungen Datenverarbeitung

94
a.	2
b.	5
c.	4
d.	3

95
a.	4
b.	1
c.	3
d.	2

96
a.	1
b.	2
c.	4
d.	3

97
a.	1
b.	4
c.	2
d.	3

98
a.	1
b.	6
c.	2
d.	3
e.	4
f.	5

99

a.	2
b.	1
c.	2
d.	1
e.	3
f.	3

100

aa.	3
ab.	4
ac.	1
ad.	2
b.	2

Stichwortverzeichnis*

A
4-Stufen-Modell der Organisation 29 f.
Ablauforganisation 3 ff., 28 ff.
— funktionsorientierte 28 f.
— raumorientierte 28 f.
— zeitorientierte 28 f.
Ablaufplan 31 f.
Adresse 107, 109
Alphabetische Daten 47
Alphanumerische Daten 47
Anwendersoftware 55, 73 ff., 75, 110
Anwendungsprogramme 54 f.
Arbeitsgeschwindigkeit 65
Arbeitsprozesse 4
Aufbauorganisation 3 ff., 5, 12 f.
Aufgabengliederung 12 ff.
Ausgabedaten 47

B
Balkendiagramm 8, 11 f.
Batch processing 78
Bewegungsdaten 45 ff., 106
Bildschirmmaske 64
Bit 54, 109
Block 53, 106
Byte 54

C
CAD 86
CIM 86
COBOL 109
Cursor 64

D
Datei 48 ff., 54
Daten, numerische 106
Datenarten 45 ff.
Datenbank 49, 54
Datenerfassung 87 f.
Datenfeld 48 ff., 54
Datenfernverarbeitung 63, 108
Datenflußplan 8 f., 100 ff., 103 ff., 106, 111 f.
Datensatz 48 ff., 54
Datenschutz 80 ff.
Datensicherung 76, 80 ff.
Datenträger 66 ff., 75
Datenverarbeitung 43 ff.

Dezentralisation 14 f., 40
Dezimalsystem 80
Dialogbetrieb 63, 113
Dienstprogramme 54 f.
Direktorialprinzip 37
Disposition 34 f.
Dualsystem 80
DV-Berufe 84 f.

E
EBCDI-Code 78 f., 108
Echtzeitverarbeitung 77
Eingabedaten 47
Einliniensystem 21, 24, 40 f.
externe Speicher 65 f., 107 f.

F
Feld 49
Funktionsmeistersystem 7, 23 f.

H
Hardware 60 ff., 74, 76, 105, 110
Hauptspeicher 74

I
Improvisation 34 f.
Interface 62

J
Job 109

K
Kanäle 63, 110
Kapazität 65
Klarschriftbeleg 70
Kluft 53 f., 106
Kollegialprinzip 37
Kommunigramm 8, 38 ff.
kompatibel 106
Konfiguration 110
Konfigurationsplan 102 ff.

L
Leitungen 63
Linienorganisation 7, 20, 23 f.
logische Einheiten 48 ff., 52

---

* Die Angaben im Stichwortverzeichnis beziehen sich nur auf den Aufgabenteil.

M
Magnetbänder 71
Magnetplatten 71
Magnetschriftbeleg 71
Management by objectives 40 f.
Managementprinzipien 40 f.
Markierungsbeleg 70, 72
Matrixorganisation 7, 20, 23 f.
Mehrliniensystem 20, 24, 40 f.
Modem 63, 107
Multiprogramming 77, 107

N
Netzplan 8 f., 31 ff.
Netzwerk 110
Neuorganisation 36
Numerische Daten 47

O
Objektprogramm 58
Off-line 63
On-line 63, 87, 109
Ordnungsdaten 46 f.
Organigramm 3 f., 7, 9, 22
Organisation 1 ff., 34 ff.
— funktionale 24
Organisationsgrundsätze 38
Organisationsmittel 36 f.
Organisationsprozeß 34
Orgware 76 f.

P
Packen 106
PC 109
Peripherie 62, 64 f., 73 ff., 105, 108 ff., 110
Peripheriegeräte 75
physikalische Einheiten 53 f.
Programmablaufplan 8 f., 59, 88 ff., 103 ff., 106
Programmdokumentation 88
Programmerstellung 57 ff.
— Phasen der 57 ff.
Programmiersprachen 56 ff., 105, 107, 109, 110
— maschinenorientierte 56 f.

— problemorientierte 56 f.
Prozessor 109
Prozeßrechner 58 f.

Q
Quellenprogramm 58

R
RAM 109
Real time processing 77
Rechendaten 45 ff.
Reorganisation 36
ROM 109

S
Satz 48
Software 54 ff., 72 f., 76, 105, 110
Spartenorganisation 23 f.
Spezialsoftware 56 f.
Stab-Linienorganisation 7, 18 ff., 23 f.
Stammdaten 45 ff., 106
Standardsoftware 56 f.
Stapelverarbeitung 77
Stellenbeschreibung 3 f., 16 ff.
Steuerprogramme 54 f.
Struktogramm 59, 96 ff.
Substitutionsprinzip 40 f.
Substitutionsprinzip der Organisation 35
Systemsoftware 54 f., 72 ff., 75

T
Timesharing 77 f.

U
Übersetzungsprogramme 54 f.
Unternehmenshierarchie 4

Z
Zeichen 48 f.
Zeitanteilsverfahren 78
Zentraleinheit 60, 64 f., 74, 75, 105, 109, 111
Zentralisation 14 f., 40 f.

MIX
Papier aus verantwortungsvollen Quellen
Paper from responsible sources
FSC® C105338

If you have any concerns about our products,
you can contact us on
ProductSafety@springernature.com

In case Publisher is established outside the EU,
the EU authorized representative is:
**Springer Nature Customer Service Center GmbH
Europaplatz 3, 69115 Heidelberg, Germany**

Printed by Libri Plureos GmbH
in Hamburg, Germany